会计师事务所服务民营企业实务解读系列

民营企业贷款难题之破解

——三方合作 共破难题

童善进 著

中国财政经济出版社

图书在版编目（CIP）数据

民营企业贷款难题之破解：三方合作 共破难题/童善进著．—北京：中国财政经济出版社，2015.10

（会计师事务所服务民营企业实务解读系列）

ISBN 978-7-5095-6400-4

Ⅰ.①民… Ⅱ.①童… Ⅲ.①民营企业-贷款-研究-中国 Ⅳ.①F832.42

中国版本图书馆CIP数据核字（2015）第232775号

责任编辑：徐 洁 张若丹 杨 骁　　责任校对：李 丽

封面设计：汪俊宇　　版式设计：汪俊宇

中国财政经济出版社出版

URL：http：//ckfz.cfeph.cn

E-mail：ckfz@cfeph.cn

社址：北京市海淀区阜成路甲28号 邮政编码：100142

营销中心电话：010-88190406 北京财经书店电话：010-64033436、84041336

北京财经印刷厂印刷 各地新华书店经销

787×1092毫米 16开 11.5印张 190 000字

2015年10月第1版 2015年10月北京第1次印刷

定价：35.00元

ISBN 978-7-5095-6400-4/F·5156

（图书出现印装问题，本社负责调换）

质量投诉电话：010-88190744

打击盗版举报热线：010-88190492，QQ：634579818

序

民营企业（中小企业[①]）是国民经济中最活跃的经营主体，在维护社会稳定与持续发展方面发挥着重要作用。但是，相比其他主体，民营企业融资能力较为欠缺，主要依赖业主投资和金融机构贷款等有限的几个融资渠道。而且，由于民营企业通常难以满足投资方所需的风险控制条件，这些原本有限的融资渠道在资金供给上往往还要“短斤少两”。因此，时至今日，民营企业普遍存在着融资难的问题，严重制约着其自身的生存与发展。而鉴于民营企业“内功”的先天不足，大多数理论分析和经验证据表明，缓解燃眉之急的有效措施应该是借助外力如政府政策与金融机构的扶持。在我国，政府多个部门近年来出台了一系列应对该难题的专项政策，比如：中国人民银行正式在信贷政策支持再贷款类别下创设支小再贷款（额度高达数百亿元人民币），专门用于支持金融机构扩大对中小企业甚至小微企业的信贷投放量；财政部、国家税务总局和证监会等部门则相继出台了关于建设全国中小企业股份转让系统（新三板）的政策，大力推动中小企业走进资本市场等等。

外部力量的扶持并非救急不救贫、见者有份的权宜之计，其最终目的还在于，帮助具有一定潜力的民营企业练好内功、兼修外功，走上正常发展的轨道。因此，获助的对象需要证明自身必须得到（必要性）、能够得到（可能性）以及应该得到（可行性）这些外力的扶持。一般而言，该证明的有效性取决于两大因素：第一，充分且公允的相关信息，包括描述目前的经营状态、力争改善现有状态的经营策略及其效率结果等方面的信息；第二，独立且专业的信息鉴别者和加工者，即会计师事务所。其中，会计师事务所的作用更具决

① 严格来说，民营企业与中小企业的划分标准完全不同，是两个概念。但两者之间存在许多交集，故本书不作刻意的区分。

定性。

会计师事务所在帮助民营企业顺利融资的过程中扮演着资本运作专家的角色。一方面，作为独立的第三方，会计师事务所协调解决民营企业与金融机构或资本市场之间关于企业经营业绩、财务状况和现金流量等信息不对称方面的问题。另一方面，作为专业的咨询者，会计师事务所也从事量身定做的咨询业务，引导民营企业不断改善经营业绩和提升信息质量，比如：协助建立健全财务会计制度；建议改善内控制度的方法；提供管理咨询、税务代理、会计服务外包等。然而，目前社会上对会计师事务所在此过程中所扮角色存在一定的偏见，认为事务所只是参与了这一过程的第一个阶段，并且其主要的工作只是采用“平滑化”利润、低估负债等盈余管理手段来粉饰企业经营业绩和财务状况，进而帮助民营企业获得较高的信用等级或相关资质，以此获得金融机构的贷款、相关政策性资金或者混进资本市场。

基于上述背景，本书通过简要的理论分析、细致的实务解读和精炼的案例展示，以民营企业融资难问题为主线，以会计师事务所的（重新）角色为看点，全面阐释了民营企业、事务所、金融机构（或资本市场）三方共赢模式的形成过程与作用机理，进而提炼了民营企业融资难问题的破解之道。

从本书设定的视角来看，本书的“故事”主题是：会计师事务所要参与破解民营企业融资难问题的所有阶段，包括事前、事中、事后三个阶段。简而言之，这三个阶段分别是：（1）在事前规划阶段，事务所要针对民营企业的基本财务状况和财务风险进行评价，为民营企业提供获取各种资本的具体规划，拓展民营企业的融资渠道，解决民营企业的资金需求；（2）在事中控制阶段，事务所要在金融机构等相关组织评估民营企业时，帮助民营企业完善其财务制度和会计数据等资料，以使民营企业能够获得贷款和政策性专项资金等所需资金；（3）在事后跟踪阶段，事务所要在民营企业获取银行贷款或其他资金后，继续提供非审计鉴证服务，改进内部控制，夯实民营企业未来的融资能力与持续发展的基础。以帮助民营企业上市融资为例，会计师事务所为上市公司提供整个周期的会计专业服务如下：在事前阶段，对企业基本情况、财务情况及内部控制设计的合规合理性进行调查和评价；在事中阶段，对民营企业进行变更验资，并进行上市培育，加深其对全国中小企业股份转让系统（新三板）政策和上市操作规则、程序的了解，同时，出具审计报告及专项审核报告，就招股说明书中有关财务内容提出建议；在事后阶段即企业上市以后，注册会计师还可提供年度审计和非审计鉴证业务，从财务风险管理角度运用融资工具帮助企业实现资源与资本的整合，进一步为民营企业解决融资困难的难题。

本书的作者系会计师事务所合伙人（同时兼任多家企业的财务总监），本书的完成同时还得到了财经类高校的会计专业教授（同时兼任多家企业的独立董事）、省政府特殊津贴获得者（同时为政府智库的主要成员）等专家的帮助，写作团队堪称理论与实践密切联系的“最佳组合”。因此，本书具有以下几个写作特点：(1) 设置主题突出而不孤立；(2) 阐述角度多维而不松散；(3) 引用理论经典而不深奥；(4) 解析业务详细而不烦琐；(5) 组织案例精巧而不失真；(6) 提炼结论专业而不学究；(7) 遣词行文通俗而不浅陋。尤为出彩之处在于，第三篇中各个案例分析之后的“案例点评”：寥寥数语却面面俱到，来自实践而归于理论，真正体现了作者丰富的操作经验以及扎实的理论功底。这也正是作者的专业特质。

总之，可以认为，这是一本务实而有趣的著作。理论研究者可以从中发现理论付诸实践的乐趣；实务工作者则可从中找到实践升华理论的荣光。雅俗共赏，各有所得。尤其是，本书试图探索破解一个社会经济难题的方法，其理论意义和实践价值更显难能可贵！

曹玉珊

2015 年仲夏于江西财经大学蛟桥园

前言

中国民营企业起源于近代的洋务运动。根据迄今为止所发现的史料，1866年在上海设立的发昌机器厂、1873年在广东创办的继昌隆缫丝厂是中国近代最早的民族资本主义性质的民营企业。此后，中国民营企业虽然经历了甲午战后、第一次世界大战时期、1929到1931年和1950到1953年四个短暂的发展黄金期，但绝大多数时间都是处于萧条和衰败的状态，尤其是在新中国完成了三大改造后，民营企业被全面取缔，遭到灭顶之灾。直到1978年中共十一届三中全会后，中国民营企业才真正迎来了发展的黄金时代。随着中国改革开放的不断深入，民营企业日益成为支撑和推动中国经济增长的重要力量。据全国工商联在2014年2月28日举办的“2014中国民营经济大家谈”活动中公布的数据显示，截至2013年底，中国登记注册的私营企业达到1 253.9万户，个体工商户达到4 436.3万户，民营企业贡献的GDP总量超过60%。

由于中国民营经济的历史非常短，市场规则的制度不完善，市场环境也不稳定，中国民营企业大多起伏不定、暴起暴跌、光辉短暂。据美国《财富》杂志报道，美国民营企业平均寿命为7年，大企业平均寿命为40年。而在中国，民营企业的平均寿命仅2.5年，集团企业的平均寿命仅7—8年。美国每年倒闭的企业约10万家，而中国有100万家，是美国的10倍。尤其是近年来世界经济的萧条和中国经济的下行，中国民营企业再次出现了大肆蔓延的倒闭潮。理论界在对中国民营企业生命周期的探讨中论及最多的一个问题就是：融资难是压垮民营企业的最后一根稻草。中国民营企业的融资难和资本结构优化难的问题已经成为理论学界和现实当中讨论的热点问题，也是民营企业进一步发展迫切需要解决的瓶颈问题。

面对民营企业融资难的顽疾，尽管各级政府频频出手协调银企合作事务、甚至直接干预地方金融事务，加大行政力度破解难题，但民营企业融资难的问题不仅没有得到根本解决，反而有进一步加剧的趋势。在经济下行的背景下，银行对民营企业的惜贷更加明显，企业融资成本大大增长，银行利率不断上浮，中间服务费大幅提升，企业不堪重负。调查发现，有90%的企业反映贷款难是制约发展的主要问题，55%的民营企业因流动资金不足而达不到设计生产能力，90%的民营企业因资金不足而难以扩大生产规模或进行技术改造。融资难问题已经成为当前制约民营企业发展的主要矛盾。

企业融资难，难道是我国货币供应量不足吗？答案是否定的。从2000年以来，我国广义货币（M2）、全年信贷总量、每年新增贷款情况不断增加。2000年M2约为13万亿元，2002年初约16万亿元，2008年还未达到50万亿元，自2009年起每年跨越一个十万亿元级台阶，2014年12月末我国M2余额达到122.84万亿元。十多年里我国货币供应量增长超过8倍，我国货币供应不差钱。

企业融资难，难道是我国货币供应没有投资吗？答案是否定的。中国2013年的GDP总量为56万亿元，而投资占GDP的比重高达47.8%（高盛银行数据）。这个数字，远远高于曾是世界最高的日本和韩国的40%，甚至远远高于中国在大跃进时期的数据，当时只有42.8%。2014年6月末，中国债务与GDP之比达到251%，而回到六年前的2008年，这个数字仅仅是147%。其中企业负债相当于GDP的119%，企业负债的大部分来源都是银行的贷款。

企业融资难，难道是我国银行业不发展吗？答案是否定的。自2003年起，我国中国银行、中国建设银行、中国工商银行和中国农业银行陆续进行并完成了股份制改革。股份制商业银行中，包括交通银行、中信银行、招商银行、民生银行、浦发银行、深圳发展银行、华夏银行、兴业银行和光大银行在内的九家银行也已成功上市；城市商业银行中，北京银行等率先上市，在不断改革的同时也积极扩充其融资渠道；政策性银行中，国家开发银行于2008年12月11日整体改制为国家开发银行股份有限公司，商业化改革的帷幕逐步拉开。截至2013年底，我国银行业金融机构共有法人机构3 769家，营业网点19.6万个，资产总额高达95.3万亿元。就金融的本质而言，就是三句话：一是为有钱人理财，为缺钱人融资；二是信用、杠杆、风险；三是金融不是单纯的卡拉OK、自拉自唱的行业，它是为实体经济服务的，金融如果不为实体经济服务，就没有灵魂，就是毫无意义的泡沫。在这个意义上，金融业就是服务业。金融机构的服务产品有十几个金融品种，不管是直接金融系统的资本市场发债券、发股票，还是间接的金融系统商业银行或者非银行金融系统，都是各种理财方式、中介方式，本质上就是为有钱人理财、为缺钱人融资。正因为如此，十多年来，我国银行业发展迅猛，银行业竞争不断加剧，企业找银行的路径越来越通畅。

事实上，十多年来，我国基本上实行偏松的货币政策，货币供应总量、银行每年新增贷款总额不断攀升，同时国家也不断出台政策引导银行信贷投放，企业负债率也不断地提高。面对这样一种状态，企业融资难的声音怎么还是这么高呢？这里面固然有信贷发放总量存在如区域失衡、行业失衡、经济成份失衡等问题。但不管怎样，在货币供应总量不断倍增的形势下，企业融资理应不会难，更不应该成为企业、政府和学界众口一词的难题。

站在银企合作的角度，银行和企业作为资金供需上的甲方乙方，它们该如何沟通交流、如何达成契约、如何履行契约和如何进行契约管理，企业特别是民营企业的确存在很多问题，没办法与银行很好地交流和沟通，在达成银企互信上失分，客观上导致融资渠道不畅通，这才有了企业融资难的说法。如果企业与银行之间有个中介服务机构作为桥梁，通过中介服务机构的搭桥铺路，沟通银企交流、降低交易成本、缓解信息不对称、建立银企互信，最后达成银企契约，企业融资就变得不是大家认为的那么难了。

会计师事务所在银企之间沟通方面具有公认的优势。注册会计师行业是运用专业特长，对企事业单位会计信息进行鉴证，并提供会计、税务、管理咨询等服务的中介行业，是现代高端服务业的重要组成部分。中国注册会计师制度自 1980 年恢复重建以来，积极服务于经济社会发展大局，在提高经济信息质量、引导资源合理配置、优化企业治理结构、维护市场经济秩序和社会公众利益，尤其是为银企合作搭桥铺路方面发挥着重要作用，已经成为中国市场经济体系重要的制度安排。2013 年，中国注册会计师协会拥有会员突破 20 万人，会计师行业拥有注册会计师 99 045 人，会计师事务所 8 295 家，从业人员 30 万人，实现业务收入 563 亿元，行业综合实力显著增强。（摘自中国注册会计师协会 2014 年工作总结）

银行、企业、注册会计师三者是合作共赢关系。从一定意义上讲，合作就是为了达到共同的目标而结成的利益共同体，把握合作的共同目标才能达到互惠互利。就银行、企业、注册会计师三者来说：银行是企业融资的主要渠道，在社会融资和民间筹资机制不健全的情况下，企业融资的主渠道仍然是银行。投资拉动型经济，发展离不开大量资金的投入；企业是银行赢利的主要来源之一，企业资金周转周期短，产生的利润可观，银行实现以钱生钱，把钱贷给有发展前景的企业是最好的投资方式；注册会计师介入银企合作，发挥桥梁和纽带作用，搭建信息交流平台，有效地化解了银企信息不对称的矛盾，为金融机构提供真实可靠的资金需求信息，找准了银企合作的切入点，建立起银企互信，促成银企之间达成契约，为企业融通发展资金。同时，注册会计师独立于银行和企业之外的中介身份被形象地比喻为“经济警察”，既有利于拓宽企业的融资渠道，完善多层次的资本市场体系，规范企业经营活动，也在保护银行债权、防止逃废银行债务、处置抵押资产、合法有序进行破产清算等方面，营造了有利于向民营企业开展信贷投放的环境。总之，注册会计师、银行、企业三方的合作，带给三方的是互惠互利的共赢。

基于这个思路，作者立足于会计师事务所服务银企合作，以“银企合作、三方共赢”为主题，撰写了这本《民营企业贷款难题之破解》。该书最大的特点就是坚持理论紧密联系实际，突出研究成果的应用性，可为民营企业进行融资决策提供科学依据，可为有关政府部门制定缓解民营企业融资困境的相关政策提供借鉴，可为金融机构更好地为民营企业提供金融支持提供参考，可为会计师事务所成功服务银企合作提供典范案例。《民营企业贷款难题之破解》对民营企业融资和资本结构等重大问题的研究定位准确，整理提炼的大量极具借鉴意义的案例非常可贵，破解民营企业融资困境的对策建议切实可行，无疑是一部研究民营企业融资的力作，更是一部破解民营企业融资难的秘笈。本书的宗旨不仅要教会民营企业家懂得如何去融资，更要教会企业家如何利用杠杆借力使企业在低投入的情况下实现业绩翻番，最终精辟地引出了“找到门道，贷款其实并不难”、“银企合作是一种平等的商业交易”、“会计师事务所在民营企业取得贷款方面可以发挥重要作用”三大结论。如此而已，岂有他哉！

目 录

第一篇 理论篇

民营企业的融资困境是世界范围内普遍存在的问题。尽管各级政府频频出手协调银企合作，甚至直接干预地方金融事务，加大行政力度破解民营企业融资难题，但问题不仅没有得到根本解决，反而有进一步加剧的趋势。

民营企业是中国经济社会的细胞，经济社会要实现健康快速发展，就必须着力破解民营企业融资难题、维持民营企业发展活力。要将民营企业从当前融资难的困境中拯救出来，企业、银行、会计师事务所的三方合作，是实现共赢的最佳模式。

企业是银行赢利的主要来源之一，银行把钱贷给有发展前景的企业是最好的投资方式；银行是企业融资的主要渠道，企业的发展离不开银行资金的投入；注册会计师是银企合作的桥梁和纽带，他能有效地促成银企之间达成契约，为企业融通发展资金。企业、银行、注册会计师三者的合作，带来的是互惠互利的共赢。

第一章　企业融资理论

企业融资需要融资理论的指导，现代企业融资理论，包括MM理论、权衡理论、融资顺序理论、金融成长周期理论等，都对企业融资方式作出了解释与建议。通过对企业融资理论的梳理，可以寻找到与民营企业融资需求相适应的风险约束机制的建立途径。

第一节　早期融资结构理论

早期融资结构理论是关于企业融资的一个早期融资理论体系，由美国著名经济学家大卫·杜兰特（David Durand）提出。杜兰特1952年将早期的融资结构理论分为净收益理论、净营业收益理论和传统理论（也称折衷理论）。依据该分类方法，上述融资理论的内容大致如下。

一、净收益理论

净收益理论是以权益资本总可以获取一个固定不变的收益率且企业总能以一个固定利率筹集到所需的全部债务资金为假设前提。该理论认为，通过负债融资提高企业的财务杠杆比率，可以降低总资本成本率，进而提高企业的市场价值。这是因为债务资本成本和权益资本成本均不受财务杠杆的影响，也就是说，无论负债程度多高，企业的债务资本成本和权益资本成本都不会发生变化。因此，根据该理论，当企业负债率达到100%的时候，即可满足债务资本成本和权益资本成本的加权平均资本成本达到最低，并实现企业市场价值最大化。也就是说，企业最佳的资本结构是100%的负债。很显然，该理论过分强调了财务杠杆的作用，但并未意识到财务风险等对资本结构的影响。

二、净营业收益理论

净营业收益理论是以总资本成本率和负债成本率都是固定不变为假设前提。该理论认为资本结构理论，不论财务杠杆如何变化，企业加权平均资本成本都是固定的，因而企业的总价值不发生任何变化，即企业价值与资本结构不相关。这是因为企业利用财务杠杆时，会加大权益的风险，进而增加了权益资本成本，而投资者对此所要求的补偿是根据负债增长率来提高权益资本化比率，财务杠杆产生的收益刚好被权益资本成本率的上升抵消，加权平均资本成本仍保持不变，企业的总价值也保持不变。根据此理论，最佳的资本结构并不存在，也就不存在资本结构的决策问题。

三、折衷理论

净收益理论和净营业收益理论是完全相反的两种极端理论，而折衷理论是介于这两种理论之间的资本结构理论。该理论认为，债务成本率、权益资本率和总资本成本率均可能随着资本结构的变化而变化。企业利用财务杠杆会导致权益成本的上升，但只要没有超过一定的限度，则权益成本的上升就能被债务的低成本所抵消，加权平均成本会随着负债率的增加而逐渐降低，企业市场价值会有所提高并可能在此限度内达到最大值。如果超过这个限度，债务的低成本将不足以抵消权益成本的上升而使加权平均成本增加，且债务成本也会随着企业负债率的增加而不断增大，企业的加权平均资本成本的上升会更快，而企业的市场价值将会下降。该理论认为，企业的资本成本并不独立于资本结构之外，企业确实存在一个最佳的资本结构，即在加权平均成本由降低转为上升的那一个拐点上，且此资本结构可以通过财务杠杆的运用来实现。

早期的融资结构理论虽说是凭经验而非经过科学推导出来的，但它们都将债务融资放在最优先的位置上。由于早期的融资结构理论是建立在对投资者行为的假设而非精心构造的理论基础和统计分析之上而得出的，所以一些学者认为对企业资本结构的应用无多大实际意义。

第二节 现代融资结构理论

现代企业融资结构理论形成于 20 世纪 50 年代，以 1958 年莫迪利亚尼和米勒共同提出著名的 MM 定理为标志。而以 MM 定理为代表的现代资本结构理论的出现，将融资结构理论的研究向前推进了一大步。

一、MM 定理

MM 定理是西方融资结构的经典理论，它揭示了融资方式构成的意义及其在融资结构中负债的价值。1956 年，美国经济学家莫迪利亚尼和米勒在美国计量经济学会年会上共同发表了论文《资本成本、公司财务和投资理论》。后经修改，1958 年在《美国经济评论》上发表了，他们在论文中所提出的理论被称为 MM 定理，这是现代企业资本结构理论的奠基石。

MM 定理是在净营业收益理论发展的基础上提出来的，通过严格的数学推导，该定理证明，在一定条件下，企业的价值与它们所采取的融资方式无关，即不论是发行股票还是发行债券，对企业的价值没有任何影响，故该定理又被称为资本结构无关论。MM 定理是建立在一系列严格的假设条件之上的：（1）公司只有长期债券和普通股票，债券和股票均在完善的资本市场上交易，且无交易成本；（2）投资者个人的借款利率与企业的借款利率相同，且无负债风险；（3）企业经营风险的高低由息税前盈利的标准差来衡量，若企业的经营风险相同，则所属的风险等级也相同；（4）投资者可按个人意愿进行套利活动，且无公司和个人所得税；（5）投资者对公司未来的平均营业利润和风险的预期都是相同的；（6）不考虑企业增长问题，即息税前盈利固定不变，所有利润全部作为股利分配给股东；（7）各期的现金流量预期值为固定值，且都是永续年金，包括企业的利益、税前利润等。

该理论的核心思想是：其一，任何企业的市场价值与其资本结构无关，而是取决于按照与其风险程度相适应的预期收益率进行资本化的预期收益水平；其二，股票每股预期收益率应等于处于同一风险程度的纯粹权益流量相适应的资本化率，再加上与其财务风险相联系的溢价；其三，任何情况下，企业投资决策的选择点只能是纯粹权益流量资本化率，它完全不受用于为投资提供融资的证券类型的影响；其四，在给定投资政策情况下，股利政策的改变意味着仅仅只是对任何期间内总收益在股利和资本利之间的分配上的改变，这样的改变不可能影响市场价值的评估；其五，股权融资和借款之间的选择不影响一个公司的市场价值和资本的平均成本，以及股权资本的成本随企业债务和股权之间的比率线性地增加，即著名的杠杆效应，还包括在同样假设下，一个企业的红利政策不影响它的市场价值。这些命题奠定了企业资本结构理论的基石。

后来，莫迪利亚尼和米勒（1963 年）对该理论进行了修正，把公司所得税的影响纳入了原来的分析之中，并得出与先前相反的结论：负债会因利息的减税作用而增加企业的价值，因此，企业的负债率是越高越好。修正后的 MM 定理认为，负债对企业价值和融资成本是有影响的资本结构理论，如果企业负债率达到 100% 时，企业的价值就会实现最大化，即企业的最佳资本结构是债权融资。

MM定理是资本结构理论史上的一座里程碑，它的提出标志着现代资本结构理论的诞生，也预示着现代资本结构理论取代传统资本结构理论，成为资本结构理论主流地位的革命的开始。MM定理的重要性在于它一方面指出了此领域进一步研究的方向和如何去作出最优资本结构决策，更重要的在于他们所提出的“无套利分析方法”，为以后的融资理论发展奠定了基础。由于MM定理是建立在资本市场有效运作且没有破产风险、企业所得税和个人所得税的基础之上，假设条件比较苛刻，与现实情况明显不符。该定理还将债权融资放在了企业融资的最优先位置上，与现实情况也是不一致的。所以，在这之后，许多经济学家从公司财务、不对称信息和产权角度讨论企业资本结构和企业价值之间的关系，对MM定理作出了各种修正，提出了各种现代资本结构理论。

二、权衡理论

权衡理论形成于20世纪70年代中期，也叫最优资本结构理论，主要是以罗比切克、梅耶斯、考斯、鲁宾斯坦、斯科特等为代表。该理论认为，负债的增加可以使企业获得无形中税收优惠的好处，但这并非是无限的。随着负债率的增加，企业陷入财务危机甚至破产的可能性将会增加，企业的各种费用和风险累计成额外成本，进而降低了企业的市场价值。因此，企业必须对利息减税收益和破产风险进行权衡，也就是说，负债企业的市场价值等于无负债企业的市场价值加上负债减税收益所增加的企业价值并扣除财务危机成本和代理成本而得。

权衡理论从时间上大体可以再分为静态权衡理论和后权衡理论。静态权衡理论引申自MM定理中债务“税盾效应”的修正模型，把MM定理看成只在完全市场条件下才能成立的理论，同时又认为现实生活是不完全的，也是不完美的，其中税收制度和破产惩罚制度就是市场不完全与不完美的两种表现，这两种表现是一个关于资本结构对企业价值影响的实证理论的中心点。所以该理论完全是建立在纯粹的税收利益和破产成本相互权衡的基础上，该派理论得到了特克津在实证上的支持；而后权衡理论则将负债成本从破产成本进一步扩展到代理成本、财务困境成本和非负债税收利益损失等方面。同时，另一方面又把税收利益从原来所单纯讨论的负债税收利益引申到非负债税收利益方面。实际上是扩大了成本和利益所包含的内容，把企业最优资本结构看成是在税收利益与各类与负债相关成本之间的权衡。

总之，企业在考虑负债带来节税利益的同时，必须考虑负债带来的财务危机成本，使企业价值达到最大。企业最优负债融资额决定于负债的边际避税收益和负债的边际破产成本的净现值相等的点。应当说，权衡理论是任何规模的企业进行融资选择时都应遵循的基本原则，然而具体到民营企业，有一定的特殊性。民营企业由于盈利性逊于大企业，所以较少会选择利用债务融资的税盾效应，而关于负债的成本，一般认为，由于民营企业存在着更大的破产可能性，因此应该比大企业使用较少的债务融资。

综上所述，权衡理论引入了破产成本和代理成本等因素对企业资本结构进行分析，使 MM 定理向现实性迈进了一步。但由于权衡理论没有分析各种融资方式及公司治理结构对资本结构的影响，因而仍存在很多局限性。

第三节　新融资结构理论

20 世纪 70 年代后期之后，学者们把信息不对称和道德风险等概念引入了融资结构理论的研究中，把传统融资结构的权衡难题转化为结构或制度设计问题，给融资结构理论问题开辟了新的研究方向，形成了代理成本理论、权衡理论、激励理论、信号传递理论、融资优序理论、金融成长周期理论、控制权理论等大量新的理论观点。

一、代理成本理论

詹森和麦克林在 1976 年发表的论文《企业理论：管理者行为、代理成本和资本结构》中首先将企业理论和产权理论结合起来研究资本结构对公司价值的影响。股份公司中存在的两种代理关系——管理者和股东之间（股权代理成本）、股东和债权人之间（债权代理成本）的利益冲突和代理成本，企业最优资本结构是使这两种代理成本之和达到最小值的资本结构。他们将企业的代理成本定义为：包括为设计、监督和约束利益冲突的代理人之间的一组契约所必须付出的成本，加上执行契约时成本超过利益所造成的剩余损失。代理成本理论是新资本结构理论的一个主要代表，它是通过引入代理成本这个概念来分析企业的最优资本结构。由于企业中代理关系的存在，必然产生股东与企业经营者、股东与债权人之间的利益冲突，为解决这些冲突而产生的成本为代理成本，包括股权的代理成本和债权的代理成本。随着债务比例的增加，股东的代理成本将减少，债务的代理成本将增加。而如果要发行新股，相当于现有所有者以股权换取新所有者的资金。新旧所有者之间不可避免地会引发利益冲突，这样，新的所有者为保证他们的利益不受原所有者的损害，也必须付出监督费用等代理成本。

二、信息传递理论

除了代理成本，在金融市场上，还存在典型的信息不对称因素。企业家比投资者掌握更多的关于企业项目投资的“内部信息”，信息传递理论研究的是在企业管理者与投资者之间存在信息不对称的情况下，他认为市场的投资者只能通过企业表面信息的分析来对收益进行估计，这样就使管理者可以通过资本结构的选择来改变市场对企业收益的评价，进而改变企业的市场价值。信息传递理论结论是负债和资本比是一种把内部信息传递给市场的信号工具，企业管理者可以通过改变企业的资本结构来影响投资者对企业价值的评估。在管理者持有股权以及管理者为风险厌恶者的假设下，如果企业管理者提高企业的负债率，那么他所持有的股权在企业总股权中的比例上升，企业管理者将面临更大的所要规避的风险，企业管理者只有在他所管理的企业价值较大时才会这么做，价值较小的企业管理者是不会冒着破产风险提高企业负债率的。由于信息不对称，投资者只能通过经理者输送出来的信息间接地评价市场价值。企业债务比例或资产负债结构就是一种把内部信息传给市场的信息工具，负债比例上升是一个积极的信息，它表明经理者对企业未来收益有较高期望，传递着经理者对企业的信心。因此，在信息不对称的情况下，高负债率向投资者传递的是企业价值较大的信号，企业价值与负债率的高低呈正相关的关系。

三、激励理论

激励理论认为，融资结构会影响经营者的工作努力水平和其他行为选择，从而影响企业未来现金收入和企业市场价值。比如说，当经营者作为内部股东而持有的股份降低时，其努力的成本会更多由自己负担，而努力的收益却更大比例归于他人；其在职消费的好处由自己享有，而消费成本却更大比例地由他人负担，这时经理人偷懒和谋私的欲望会增强。可见部分所有制下企业的价值小于完全所有制下的企业价值，两者之差称为外部股权的“代理成本”。企业利用债权融资可以具有更强的激励作用，激励经理人努力工作，作出更好的投资决策，有效降低由于两权分离产生的代理成本。激励理论的结论是债权融资有利于约束经理人行为，降低融资成本，提高企业的市场价值，企业融资应当首选债权融资。

四、融资顺序理论

融资顺序理论的提出源于整个20世纪70年代信息经济学的兴起、繁荣与成熟。其创立者梅耶斯认为，当企业内部经营管理者和现有股东与外部投资者之间在有关企业现有资产和投资项目价值方面存在信息不对称时，如果企业投资项目的决策者是追求现有股东利益的最大化，而且通过发行股票来对项目融资，那么，企业经营管理者只有在投资项目的预期收益大于或等于企业股票的实际价值与投资者根据自己所掌握的信息评估的企业股票价值的差额时，才愿意实施投资行为；否则，即使此时投资项目的预期收益大于零，企业经营管理者也会放弃投资项目，从而导致投资不足的现象发生。在有效市场假设的条件下，如果外部投资者能够合理地预期到企业经营管理者的这种行为，就会将企业发行股票融资看作是一种坏信息，重新对企业的股票进行评估，使市场上企业股票价格下降。因此，在信息不对称的情况下，发行新股融资有可能导致企业股价下降和投资不足发生。

为了克服信息不对称下企业融资方式、资本结构选择对企业股票价格和经营管理者投资决策的影响，梅耶斯提出了企业融资顺序理论，其主要内容包括三个方面：其一，企业将以各种借口避免通过发行股票或其他风险证券来取得对投资项目的融资；其二，为了使内源融资能满足达到正常投资收益率的投资需要，企业必然要确定一个目标股利支付比率；其三，在确保安全的前提下，企业才会计划通过向外融资以解决其部分资金的需要，而且会从发行风险较低的证券开始。梅耶斯明确指出，融资顺序理论的核心观点主要有两点：一是企业偏好内源融资；二是如果需要外源融资，债务融资优先于股权融资。

融资顺序理论的缺陷在于无法揭示在企业成长过程中资本结构动态变化规律，因为它属于解释在特定的制度约束条件下企业对增量资金的融资行为，具有一定的短期性。而且，由于该理论只强调信息对企业融资结构的影响并未涉及企业的规模和信用条件等影响因素，所以该理论的融资顺序在大企业中表现得不明显，更多地适用于信息不透明的中小民营企业的融资决策。

五、信息不对称理论

美国经济学家罗斯将信息不对称理论引入到企业融资结构理论分析中，假定经理人充分了解企业的未来收益和投资风险，投资者不知道上述信息但知道对经理者的激励制度，投资者只能通过经理人输出的信息间接评价企业的市场价值。内部信息通过企业负债比率或资产负债结构传达到市场。负债比例上升，表明经理人对企业未来收益预期较高，同时负债会使经理人努力工作，市场对企业价值的评价会提高，所以发行债券可以降低企业资金总成本，提高市场价值。罗斯加上了对破产企业经理人的“惩罚”机制，从而保证负债比率成为正确的信号。企业融资的顺序是：先内部筹资，然后是发行债券，最后才是发行股票。融资顺序理论存在一个重大缺陷：它属于解释在特定的制度约束条件下企业对增量资金的融资行为的理论，无法揭示在企业成长过程中资本结构的动态变化规律。

六、金融成长周期理论

金融成长周期理论认为，伴随着企业成长周期而发生的信息约束条件，企业规模和资金需求的变化是影响企业融资结构变化的基本因素。在企业创立初期，由于规模小、缺乏业务记录和财务审计，企业信息是封闭的，因而外源融资的获得性很低，企业不得不主要依赖内源融资。当企业进入成长阶段，追求扩张投资使企业的资金需求猛增，同时随着企业规模扩大，可用于抵押的资产增加，并有了初步的业务记录，信息透明度有所提高，于是企业开始更多地依赖金融中介的外源融资；在进入稳定增长的成熟阶段后，企业的业务记录和财务制度趋于完备，逐渐具备进入公开市场发行有价证券的条件。随着来自公开市场可持续融资渠道的通畅，来自金融中介债务融资的比重下降，股权融资的比重上升，部分民营企业成长为大企业。

金融成长周期理论表明，在企业成长的不同阶段，随着信息、资产规模等约束条件的变化，企业的融资渠道和融资结构将随之发生变化，其基本变化规律是：企业在建立和成长时期多使用债务融资，当企业逐渐成熟后对债务融资的依赖性逐渐降低。该理论从长期和动态的角度较好地解释了一些民营企业的融资结构变化规律。

七、控制权理论

控制权理论的理论基础是：企业融资结构在决定企业收入流分配的同时，也决定了企业控制权的分配。属于该理论学派的哈里斯—雷斯夫模型主要探讨了股东与管理者之间利益冲突所引发的代理成本问题，得到如下结论：管理者在通常情况下是不会从股东的最大利益出发的，因此他们必须要被监督和戒律，而债务正是作为一种惩戒工具。债务不仅使股东具有法律上的权利强制管理者提供有关企业各方面的信息，让股东能够通过对信息的分析决定是否继续经营，还是进行清偿，所以“最优的负债数理取决于在信息和惩戒管理者机会的价值与发生调查成本的概率之间的平衡”。

控制权理论是产业组织理论的一个重要组成部分，这一理论认为由于企业经理对控制权本身的偏好，他们就会通过企业融资结构的调整而影响企业的市场价值。阿洪和博尔顿（1988）将控制权理论引入资本结构研究中，他们认为资本结构不仅决定企业收入流的分配，而且决定企业控制权的分配。当契约不完备时，谁拥有控制权对企业价值有重要影响。如果进行债务融资，在企业家不能按期偿还债务的情况下，企业的剩余控制权将转移给债权人，这是最好的控制权安排。对于一个对企业控制权有偏好的经理来说，企业融资结构的顺序应该是“内部集资—发行股票—发行债券—银行贷款”，但从有利于企业治理结构和建立约束监督机制来看，其融资结构的顺序刚好相反。由此，增大债券融资的比重是最优的选择。

第四节 企业融资决策的依据

企业的产生、生存及发展均离不开融资活动。随着金融市场的快速发展，融资效率也越来越成为企业发展的关键。特别是在如今金融紧控的条件下，对于民营企业而言，要根据自身发展需求，认真考虑如何选择自己需要和适合自己发展阶段的融资方式，制定适当的融资策略，作出最优化的融资决策。

一、企业融资总体思路

企业融资决策，是企业根据其价值创造目标需要，利用一定时机与渠道，采取经济有效的融资工具，为公司筹集所需资金的一种市场行为。企业的融资多种多样，常见的有以下几种：

1. 财政融资。财政融资方式从融出的角度来讲，可分为：预算内拨款、财政贷款、通过授权机构的国有资产投资、政策性银行贷款、预算外专项建设基金、财政补贴。

2. 银行融资。从资金融出角度即银行的资金运用来说，主要是各种贷款，例如：信用贷款、抵押贷款、担保贷款、贴现贷款、融资租赁、证券投资。

3. 商业融资。其方式也是多种多样，主要包括商品交易过程中各企业间发生的赊购商品、预收货款等形式。

4. 证券融资。该方式主要包括股票融资和债券融资两大类。

民营企业融资的总体思路应是：投资与融资相结合，以投资带动融资。民营企业的融资决策是企业投资决策的一部分，融资必须直接为投资服务，包括融资金额和融资时间上的匹配，通过投资决策这一环节通向财务管理目标。

更重要的是，投资项目必须是经过多方面因素考虑的，不是盲目圈钱的幌子，否则容易出现投融资决策失效，导致投资失败、损害企业权益的问题。在监督职能缺乏的民营企业中，进行程序化的项目可行性论证是必要的，但只是决策的一个部分，提供财务上的参考，不能对整个计划是否可行提供意见，更不能作为项目可行的决定性依据。因此，战略和内部需要等各种因素综合考虑是很重要的。

二、融资机会选择

所谓融资机会，是指由有利于企业融资的一系列因素所构成的有利的融资环境和时机。企业选择融资机会的过程，就是企业寻求与企业内部条件相适应的外部环境的过程，这就有必要对企业融资所涉及的各种可能影响因素做综合具体分析。

首先，民营企业融资机会是在某一特定时间所出现的一种客观环境，虽然企业本身会对融资活动产生影响，但与企业外部环境相比较，企业本身对整个融资环境的影响是有限的。在大多数情况下，企业实际上只能适应外部融资环境而无法左右外部环境，这就要求企业必须充分发挥主动性，积极寻求并及时把握各种有利时机，确保融资获得成功。

其次，外部融资环境复杂多变，民营企业进行融资决策时要有超前预见性。因此，小企业要及时掌握国内和国外利率、汇率等金融市场的各种信息，了解国内外宏观经济形势、国家货币及财政政策以及国内外政治环境等各种外部环境因素，合理分析和预测能够影响企业融资的各种有利和不利条件，以及可能的各种变化趋势，以便寻求最佳融资时机，并果断作出决策。

再次，民营企业在融资渠道和方式上不像大企业那样存在较大的选择余地，但这并不是说民营企业只能“饥不择食”。由于民营企业的抗风险能力弱以及筹资困难，更应该对每笔资金善加权衡，综合考虑经营需要与资金成本、融资风险及投资收益等诸多方面的因素，必须把资金的来源和投向结合起来，分析资金成本率与投资收益率的关系，避免决策失误。

三、融资规模决策

企业融资的目的是直接确保生产经营所需的资金。资金不足会影响生产发展，而资金过剩也会导致资金使用效果降低，形成浪费。由于民营企业融资不易，所以经营者在遇到比较宽松的筹资环境时，往往容易犯“韩信点兵，多多益善”的错误。但如果筹来的资金用得不合理或者并非真正需要，那么好事就变成了坏事，企业反倒可能背负沉重的债务负担，影响融资能力和获利能力。因此，企业在进行融资决策之初，要根据企业对资金的需要、企业自身的实际条件以及融资决策的难易程度和成本情况，量力而行，确定企业合理的融资规模。一般来说，已获得较大发展、具有相当规模和实力的股份制企业，可考虑在主权市场发行股票融资；属于高科技行业的民营企业可考虑到创业板市场发行股票融资；一些不符合上市条件的企业则可考虑银行贷款融资。再如，对初创期的小企业，可选择银行融资；如果是高科技型的小企业，可考虑风险投资基金融资；如果企业已发展到相当规模时，可发行债券融资，也可考虑通过并购重组进行企业战略融资。

企业融资在追求增量筹资的同时更加注重存量筹资。增量筹资是指从数量上增加资金总占用量，以满足生产经营需要；存量筹资是指在不增加资金总占用量的前提下，通过调整资金占用结构、加速资金周转，尽量避免不合理的资金使用，提高单位资金的使用效果，以满足企业不断扩大的生产经营需要。增量筹资与存量筹资的紧密结合，也反映出民营企业的筹资活动与投资活动的内在必然联系，因为存量筹资实际上就是一种资金运用，它属于投资活动的范畴。比如，企业若能将闲置设备适时采用出租、出售转让等形式进行“存量筹资”，则不但可以避免损失和资金的积压，而且有助于提高长期资金的流动性，减轻过于沉重的融资压力。

四、融资期限决策

企业融资按照期限来划分，可分为短期融资和长期融资。企业做融资期限决策，即在短期融资与长期融资两种方式之间进行权衡时，做何种选择，主要取决于融资的用途和融资人的风险性偏好。

从资金用途上来看，如果融资是用于企业流动资产，则根据流动资产具有周期快、易于变现、经营中所需补充数额较小及占用时间短等特点，宜于选择各种短期融资方式，如商业信用、短期贷款等；如果融资是用于长期投资或购置固定资产，则由于这类用途要求资金数额大、占用时间长，因而适宜选择各种长期融资方式，如长期贷款、企业内部积累、租赁融资、发行债券、股票等。

从资金结构配比来看，我们知道，企业总资产由流动资产和非流动资产两部分构成。流动资产又分为两种不同性态：一是其数量随生产经营的变动而波动的流动资产，即所谓的暂时性流动资产；二是类似于固定资产那样长期保持稳定水平的流动资产，即所谓的永久性流动资产。按结构上的配比原则，民营企业用于固定资产和永久性流动资产上的资金，以中长期融资方式筹措为宜；由于季节性、周期性和随机因素造成企业经营活动变化所需的资金，则主要以短期融资方式筹措为宜。这种决策的优点是，企业既可以避免因资金来源期限太短引起的还债风险，也可减少因借入过多长期资金而支付高额利息。

五、融资方式选择

民营企业初创时期特点是资金需要量大，信息不透明，缺乏抵押品，外部融资相对较难。这时可选择的融资方式主要有：融资相对便利的借款和租赁融资。符合国家产业政策的企业应尽可能取得财政资金或政策性银行借款，并从信用担保机构取得贷款担保；租赁融资按需要可分别采取经营租赁和融资租赁两种方式。为满足临时或短期使用资产的需要可选择经营租赁方式；为满足长期资产的需要又缺少现金时，可采用租赁融资方式通过融物达到融资的目的。虽然租金成本较高，但筹资程序简单，速度较快。

民营企业经过成功的创业，进入成长阶段，其内部已形成一定的资金积累，融资条件相对较好，资金需要量也相对较大。这时，民营企业在注重内部积累的同时，应当设法从外部融资。其融资方式除了选择借款和租赁融资外，应逐渐转向直接融资方式，即通过发行债券和股票的方式来融资。由于目前国家对债券融资限制条件多、程序复杂，因而直接融资应首选股票方式融资。虽然这种方式融资程序复杂、制约因素较多，但融资金额大、风险低，能较好地满足民营企业发展时期的资金需求，提高其进一步举债的能力。尤其是高科技企业，一旦进入发展阶段，风险投资公司的创业基金就逐步退出，转向证券市场。就这一点而言，我国推出的二板市场将为全国范围内具有较大潜力的民营企业，尤其是高科技企业提供了有利的融资条件。

民营企业成熟期的特点是信息不对称较少，企业经营风险相对减少，盈利水平较高，融资渠道得到拓宽。在这一阶段，民营企业除了通过收购、兼并等方式开展资本经营，还可采用下列三种方式融资：一是股权置换，即以自己的股票作为现金支付给目标公司股东来收购目标公司。其具体方式是由买方企业出资收购卖方企业全部或部分股权，卖方股东取得现金后认购买方企业的现金增资股；或是由买方企业出资认购卖方企业全部或部分资产，而卖方企业股东用以认购买方企业的增资股。二是杠杆收购，即通过增加买方企业的财务杠杆去完成并购交易行为。它是买方企业通过举债来获得目标公司的产权，并从目标公司未来产生的现金流量中偿还债务的方式。在这种方式下，买方企业用以收购的自有资金往往小于收购总资金，其大部分资金（一般 70%—80%）系举债所得，贷款方可能是金融机构、社会个人甚至是目标公司股东，贷款以目标公司资产作担保，并由目标公司产生的现金流量作为偿还贷款的资金来源。三是买壳上市，指的是非上市公司通过购买上市公司的部分股权，达到控股水平之后，对上市公司的主营业务、资产结构、智力结构等方面进行整合，以实现间接上市的一种企业重组行为。

六、融资结构决策

企业在筹措资金时，常常会面临财务上的提高收益与降低风险之间的两难选择。企业既要尽力加大债务资本在企业资本总额中的比重，以充分享受财务杠杆利益，又要避免由于债务资本在企业资本总额中所占比重过大而给企业带来相应的财务风险。因此，企业在进行融资决策时，应当在控制融资风险与谋求最大收益之间寻求一种均衡，即寻求企业的最佳资本结构。

寻求最佳资本结构的具体决策程序是：首先，当一家企业为筹措一笔资金面临几种融资方案时，企业可以分别计算出各个融资方案的加权平均资本成本率，然后选择其中加权平均资本成本率最低的一种；其次，被选中的加权平均资本成本率最低的那种融资方案只是诸种方案中最佳的，并不意味着它已经形成了最佳资本结构，这时，企业要观察投资者对贷出款项的要求、股票市场的价格波动等情况，根据财务判断分析资本结构的合理性，同时企业财务人员可利用一些财务分析方法对资本结构进行更详尽的分析；最后，根据分析结果，在企业进一步的融资决策中改进其资本结构。

第二章　民营企业的融资难

当前民营企业最缺的是什么？十之八九的企业可能会回答：缺钱！民营企业融资难是个世界性问题。即便是现代金融业已经获得了长足发展，金融国际化、金融自动化等均已经实现，金融产品及其衍生品不断推陈出新，民营企业融资难的状况也没有丝毫改变。我国政府也是不断推出各种政策，以增加金融机构向民营企业融资，但民营企业融资难现状仍然没有根本性改变，反而有进一步加剧的趋势。

第一节　世界性难题

1931 年，英国的麦克米伦爵士就针对民营企业融资难题提出了著名的“麦克米伦缺口”命题，认为民营企业和金融机构之间横亘着难以逾越的融资壁垒。时至今日，民营企业融资难仍是世界性的难题，全球范围内能做好小企业金融服务的银行还为数甚少，对化解小企业融资难的探索依然未有穷期。

一、“麦克米伦缺口”的提出

1929 年全球性经济危机爆发，深受困扰的英国政府为找到摆脱危机的办法，指派以国会议员麦克米伦爵士为首的“金融产业委员会”调查英国金融业和工商业。1931 年该委员会在向议会提交的调查报告中指出，在英国金融制度中，民营企业在筹措必需的长期资金时尽管有担保，但仍然存在融资难现象，建议政府采取一系列措施解决民营企业的融资问题，以拯救当前深重的经济危机。此后，人们将金融制度中存在的对民营企业融资壁垒现象称为“麦克米伦缺口”。

“麦克米伦缺口”认为民营企业发展过程中存在着资金缺口，即资金的供给方不愿意以民营企业所要求的条件提供资金。后来金融学中的“信息非对称”理论对“麦克米伦缺口”有过系统的论证。在金融体制中，“麦克米伦缺口”实质上是一种市场失灵，表现为“权益资本融资”和“债务资本融资”双缺口。

“麦克米伦缺口”一经提出，立即引起西方各国政府对民营企业问题的关注，进而展开理论上与实务上的研究。进入20世纪80年代初产生了研究“麦克米伦缺口”，该模型分析了形成“麦克米伦缺口”的原因是信贷市场上存在的信息不对称，也就是说有能力提供资金的银行与对资金有迫切需求的民营企业之间存在着信息不对称，银行相对处于信息劣势地位，银行在利润最大化目标驱使下必然会以提高贷款利率的方式向经营规模较小、风险较大的民营企业提供贷款，由此产生逆向选择高利率的民营企业贷款。然而分析发现，银行收益不会随着贷款利率提高而提高，银行预期收益会在利率的某一点达到预期收益最大化后，随利率提高因逆向选择和道德风险存在而使银行预期收益降低。银行预期收益最大化的利率水平是银行提供资金的临界点，超出临界点的信贷资金需求与信贷资金供给就出现缺口，即“麦克米伦缺口”。

国内不少学者都赞同民营企业“麦克米伦缺口”的实质是信息不对称导致的市场失灵。从经济学的角度来讲，市场失灵的直接结果是经济资源不能实现有效配置，还存在帕累托改进的可能性。如果要在一个存在市场失灵的经济中要实现资源的帕累托最优，那么政府干预将是必然选择。因此政策性金融将是破解我国民营企业“麦克米伦缺口”的治本之策。还有学者从制度经济学的角度分析“麦克米伦缺口”存在的原因及治理途径，认为民营企业“麦克米伦缺口”产生的主要原因是银企之间的交易成本过高，由于民营企业群体信用的缺失以及银行的收益、激励不对称等原因使得银企之间交易成本过高，理性的银行出于利益保护原因必然采取不贷或少贷的策略，所以降低银企交易成本才能破解麦克米伦刚性缺口，实现银企双赢。

二、西方国家对“麦克米伦缺口”的治理

一直以来，民营企业成长中的金融支持都是西方各国政府致力要解决的难点问题之一。为该问题西方政府不仅以法的规定性给予民营企业以制度支持，也在产业政策上，给予多方面的优惠指导。例如美国国会于1982年制定的民营企业创新研究计划就规定，所有属于政府划拨的R&D【国际通用的评价指标——国家研究与发展（R&D）经费及其与GDP的比值】经费超过1亿美元的，必须按一定的比例向民营企业创新计划提供资金，用于资助民营企业开展R&D活动。根据美国《小企业融资法案》的规定，联邦政府采购中必须保证小企业获得23%的份额，并要求大企业获得的政府采购份额也必须将其中的20%转包给小企业。如此等等。应该说，与1931年相比，无论从企业成长

的外部环境，还是企业自身的组织效率都有了非常大的改善与提高。但大量事实表明，“麦克米伦缺口”在西方发达国家依然存在。

从实证研究提供的数据看，美国民营企业的融资结构大体如下：企业主自身储蓄占45%，亲友间融资13%，商业银行及其他金融机构的信贷融资占29%，由政府主导的民营企业管理局提供的直接贷款占1%，证券融资占4%。从这个融资结构中不难看出，美国民营企业的资金供给大部分来自家族成员内部，外源性融资较少，而外源融资中的优质资源（由低融资成本提供的资金）所占比例一般不超过10%。现实的情况是，美国民营企业要想获得银行及其他金融机构的信贷资金，必须比大企业多支付3到6个百分点的成本。即便如此，美国1980—1998年的商业贷款总额也不过410个亿，按2 500万家企业计算，民营企业从商业信贷中获得的资金每家每年平均起来也不到100美元。小型科技创业企业获得的“天使融资”的资金总额在过去的40年间仅为130亿美元。而来自民营企业投资公司和风险投资公司提供的信贷资金的成本要比商业银行贷款的利率更高。由此，我们至少得到如下印象：

（1）目前美国小企业融资的主要来源仍然是家族资本市场，外部融资渠道尽管在政府的支持下，有多种可选择的方式，但由于受到包括来自融资成本的诸多约束，与大企业相比，其外源融资仍然不足以支持小企业对金融资源的需求，尤其是长期金融资源配置缺口的满足。

（2）政府的金融自由化倾向与小企业的金融政策，对于融资缺口的解决起了重要的作用。但由于资源配置有限以及资源配置中的成本约束，使得政策的有效性也同样受到约束。因此，政府政策以及由此产生的外部性对“缺口”的弥补部分有效，但与消除这个缺口的目标还有一定的距离。

（3）与1931年相比较，“麦克米伦缺口”的特征表现已经发生了变化，从现实西方国家的小企业的融资环境看，该“缺口”主要反映的并不是一种绝对的金融资源供给不足，而是与成本约束相联系的相对资源供给短缺，它将通过市场竞争法则约束小企业融资选择的自由度。从长期看，依赖资本市场提供小企业金融支持的可能性仍然不能估计过高，而对于政府提供的信贷担保机制的作用，事实证明也是相对有效。

相关的资料显示，欧洲其他国家的情况与美国相差无几。西方国家着力组建了相当数量的中小金融机构，完善了相应的金融体系，用来弥补“麦克米伦缺口”。由于金融业的发达，金融体系的完善，以及对民营企业融资的重视，虽然西方国家近年来“麦克米伦缺口”现象有所减弱，但时至今日，世界范围内的“麦克米伦缺口”依然大量存在，民营企业长期资金供给不足的现象并未得到根本性改变，“麦克米伦缺口”依然是一个全球性的问题。

第二节　中国民营企业融资结构分析

在国际经济形势增速放缓、国内宏观经济结构调整等因素影响下，我国民营企业在资金融通方面也受到了较大的限制，占全国企业总数99%以上的民营企业占贷款资源不到20%，相当部分民营企业面临资金链断裂等困难。

一、财务状况分析

1. 资金结构分析

根据中国民营企业2013年抽样调查报告，我国民营企业对融资的需求比较迫切。在被调查的企业中，35.4%的企业表示有很大的资金缺口，急需融资；38.1%的企业表示略有资金缺口，需要融资；只有26.5%的企业表示没有资金缺口，无需融资。在需求的资金类型上，民营企业最需要长期投资资金。在调查的企业中，59.1%的企业表示主要需要长期投资基金，36.3%的企业表示主要需要短期流动资金。

2. 财务结构分析

自2008年以来，贷款利率的连续上调增加了民营企业的财务成本，挤占其利润空间，使其财务状况恶化，融资资金受到影响。以浙江省为例，据浙江民营企业局统计分析，由于受银行利率上调和民间高息借贷等影响，2008年，浙江全省规模以上民营企业财务费用增长40.55%，其中利息净支出增长45.18%。温州市800家企业财务费用支出增长51.7%，利息支出增长51.2%。2011年浙江省经济和信息化委员会发布消息称，前三季度，全省规模以上工业企业财务费用支出同比增长30.6%；其中利息支出同比增长35.97%，增幅分别比上年同期提高8.6和17.5个百分点。

二、融资结构分析

1. 内源融资严重缺乏

内源融资是指企业不断将自己的储蓄（主要包括留存盈利、折旧和定额负债）转化为投资的过程。西方主要发达国家民营企业的内源融资基本上占其融资总额的50%以上，且这一比例还在进一步加大。根据世界银行国际金融公司中国项目开发中心的抽样调查，内源融资占全部民营企业股权融资的2/3以上，是民营企业融资的最大来源。然而中国民营企业普遍自身积累不足，90%的民营企业没有能力内源融资，造成了融资结构扭曲。

2. 股权和债券融资非常困难

由于证券市场门槛高，公司债券发行限制多，政府对企业发行股票上市融资的条件非常严格，民营企业难以通过资本市场公开筹集资金；我国的债券市场发展比较滞后，企业发行债券的条件十分苛刻，作为信用担保不足的民营企业，在债券市场同样不受青睐。就股权融资而言，在发达国家占据比较重要地位的风险基金和公众资金在我国发展非常缓慢；就债务融资而言，我国民营企业所得到的信贷资金种类也非常单一。

3. 银行贷款满足率偏低

我国民营企业占比超过99%，对我国GDP的贡献超过60%，对税收的贡献超过50%，提供了80%的城镇就业岗位和82%的新产品开发，但其中仅有1/3的企业能通过银行贷款获得资金。以江西省上饶市为例，2011年，全市民营企业工业增加值占全市比重84.5%、主营业务收入占全市比重87.03%、利税总额占全市比重85.37%，全市民营企业贷款余额230亿元，占贷款总额比重仅为34.2%，此比重大大低于民营企业的贡献率，造成民营企业对资金需求的巨大缺口。据调查，目前仅上饶经济开发区近百家企业资金需求额度就超过80亿元，全市民营企业资金缺口达160亿元。

第三节　民营企业融资难的主要表现

我国民营企业贷款难主要表现为抵押难和担保难，同时还表现为基层银行授权有限，办事程序复杂。

一、企业贷款难

1. 抵押难

民营企业可抵押物少，抵押物的折扣率低。目前抵押贷款的抵押率：土地、房产一般为70%，机器设备为50%，动产为25%—30%，专用设备为10%；评估等级部门分散、手续烦琐、收费昂贵；资产评估中介服务不规范，还属于部门垄断服务，对抵押物的评估往往不按市场行为准确评估，随意性很大。

2. 担保难

主要表现为民营企业难以找到合适的担保人，效益好的企业既不愿意给别人作担保，也不愿意请人为自己作担保，免得给自己添麻烦。效益一般的企业，银行又不允许找担保人。

3. 贷款程序复杂烦琐

银行对于民营企业贷款的审批流程、经办手续并不能因为金额小、期限短而有所简化，企业借一笔数额不大的贷款至少要办十道手续，少则一周，多则数月，即使钱到手，商机可能早已错过。

二、企业融资贵

民营企业遭遇融资难的同时，还备受融资贵的困扰。企业的银行融资成本主要有三块：一是银行贷款利息；二是政府行政部门收取的费用，主要有抵押登记费、公证费、工商查询费；三是中介机构收取的费用，主要有抵押物评估费、担保费、审计费。后两项业内统称为“第三方收费”。据辽宁省银监局的调查发现，目前第三方收费项目多达十几项，费用占比较大的主要有以下几项：抵押物评估费，由评估中介机构根据抵押品评估价值分档次按比例向小微企业收取，评估值越高，费率越低，收费标准通常为抵押物评估金额的0.1%—0.25%；抵质押品登记费，由登记机关按评估额的0.1%—0.3%收取。对于由担保公司进行担保的，企业需要向担保机构支付担保费用，收费标准通常为评估额的1%—3%。更令企业头疼的是，在还旧借新续贷过程中，需要向民间的小额贷款公司高息借款还上贷款后，才能继续从银行借款，更是大大推高了融资成本。

三、制度不健全

我国的政府机构包括各级地方政府基本不是依照经济运行的要求设置的。因此出现了关于经济的政策政出多门，不仅政府的计划部门在制定关于经济的政策，工商管理、税务、劳动、各类中小园区、开发区也在制定政策，从而造成了政策混乱，有时甚至相互矛盾。正因为政府职能机构不健全，中介机构也就难以健康地发展起来。中国没有专门为民营企业贷款的金融机构，加上商业银行改革后权限上收，对贷款发放实行规模和资金双线控制，对新增贷款实行严格的存贷款比例限制等，致使以民营企业为放贷对象的基层银行有责无权、有心无力，使本来就很少的贷款数量更为可怜，直接影响了金融机构的信贷规模。国有商业银行出于风险控制的角度，对民营企业实行了严格的信贷条件，而且银行对一系列企业融资产品附加了许多条件，使融资的现实性操作变得很困难，大多数民营企业由于无法提供有效担保被拒之门外，民营企业从金融机构获得贷款的比例一直是在10%左右徘徊，而从国有银行贷款比例不到10%，民营企业的贷款占贷款总额的比重就一直处于非常低的水平。

四、信贷品种少

目前金融机构发放的民营企业贷款基本为抵押担保贷款，贷款方式单一，银行只认土地房产等不动产作抵押，致使不少民营企业因缺少有效抵押资产、抵押无权证不齐等问题，难以得到银行贷款。

银行贷款期限短、用途窄。目前，民营企业获得的银行贷款期限时间较短，大多为1—3年期，各级金融机构对民营企业，只开放了短期信贷业务，中长期信贷严重供给不足，而且大部分短期贷款产品只能用于填补流动资金的缺口，而无法进行技术改造和厂房设施建设，这就限制了民营企业的进一步壮大。

五、担保机构弱

担保公司服务对象主要是区域内企业，重点是扶持优势及成长型的民营企业，在缓解民营企业融资难问题、支持民营企业发展中确实起到了积极的作用。但无论从数量上还是规模上，相比民营企业的资金需求，担保机构的资本金偏小，担保实力不足，使这个行业难以承担起更多的使命。以江西省上饶市为例，信用担保机构建设2000年起步，全市大大小小的融资担保机构达到了150家左右，大部分企业名称在“担保”前都冠了“投资”，但规模普遍较小，注册资本大都在200万元左右，有的甚至低至20万元，真正规模较大、通过与银行合作为企业贷款作担保的公司屈指可数。2010年，根据省政府金融办等七部门《江西省融资性担保机构管理暂行办法》要求，该市开展了全市担保机构规范整顿工作，担保行业的准入门槛提高，注册资本最低不少于1 000万元。经过整顿，全市拿到融资性担保机构经营许可证的企业有32家，注册资本达到5 000万元的有9家，开展了担保业务的企业仅有25家，担保能力严重不足。

六、社会危害大

1. 企业发展受制

资金不足严重地影响了民营企业的正常生产经营，使企业坐失良机，同时还制约了企业规模的扩大和技术创新，影响了企业的未来发展前景。调查发现，有90%的企业反映贷款难是制约发展的主要问题，55%的民营企业因流动资金不足而达不到设计生产能力，90%的民营企业因资金不足而难以扩大生产规模或进行技术改造。融资难确实成为制约民营企业发展的重要因素，而且可能成为压垮民营企业的最后一根稻草。

2. 金融风险增大

对于民营企业来说，资金就是血。当前，用工荒、钱荒、电荒和高成本、高税负这“三荒两高”，钱荒首屈一指。钱荒已使企业效益大幅下滑，盈利空间急剧缩小，民营企业在迫不得已的情况下，被迫转向民间借贷，而这些民间借贷都是高利率。由于民营企业在正规金融机构得不到贷款，不借高利贷就会马上停工倒闭。与其立马就死，不如借而求生，很多企业正是抱着这样的心态走向高利贷。企业选择苦撑，一旦熬不下去，最后的结果就是资金链断裂。

3. 实业经济萧条

融资难问题得不到真正解决，将进一步加剧民营企业生存困境，从而导致越来越多民营企业放弃实业，过度转移制造业，转向投资虚拟经济，从资本泡沫中寻找回报，使经济工业化在尚未完全实现的时候过早形成空心化。

4. 就业压力加大

民营企业融资难问题发展下去，不仅企业受挫，更重要的是直接减少了就业岗位，间接就业机会也会相对减少，致使就业困难，失业率上升，失业人口越多，进一步拉大城乡居民收入差距，危及社会稳定。

第四节　民营企业融资难的主要原因

民营企业融资难的原因很繁杂，概括起来，最主要有自身原因和外部原因两大类。

一、民营企业的自身原因

1. 民营企业基础差

民营企业底子薄，资产规模较小，技术等相对薄弱，对市场的影响力有限。他们在大企业的夹缝中求生存，很容易就被大企业排挤，生存空间很小。限于自身的实力所限，民营企业在供求信息和对市场的准确把握上缺乏有效竞争力，经营风险较大。商业银行出于贷款风险和坏账的考虑，不敢轻易对民营企业发放贷款。

2. 内部治理结构不规范

我国民营企业绝大部分都是私营企业，家族式管理倾向较重，一般经营权与所有权高度统一，治理结构不完善。一人主导下的家族式模式，公司的运营管理主要基于信用，因此管理成本较低，在创业的初期效果显著，有力地推动了企业的快速发展。但当企业发展到一定程度时，家族式治理模式就制约了进一步发展，权利过度集中、无法确保中小股东利益、关联交易不规范、企业对外不透明等因素限制了对外融资。

3. 财务制度不规范

企业财务管理缺乏可信度，贷款的风险化解和补偿能力较弱，获利能力欠佳，偿债能力缺乏稳定性，增加了银行贷前审查、贷后检查监督的难度，与银行执行的贷款条件差距较大，使银行发放贷款更加严谨，导致企业不能及时获得信贷支持。

4. 可供担保抵押的财产不多

按照银行的有关管理规定，通常要求用固定资产作为抵押进行贷款，而事实是，民营企业的固定资产往往很少，特别是一些高科技型企业，无形资产占大多数，固定资产却少得可怜，而银行往往不愿接受民营企业的流动资产抵押。缺乏可以作为抵押的不动产，风险大，难以满足金融机构的放贷要求，也是民营企业难以从银行融资的另一原因。

5. 民营企业信用水平低

根据中国人民银行的一份调查报告，截至 2013 年年末，国有四大商业银行的客户中，被认定为逃废金融债务的约占 52%，这其中的民营企业为绝大多数。由于我国市场经济发展仍不完善，市场仍有很多不成熟之处，信用体系建设不够完善，大多数民营企业缺乏甚至没有信用观念。民营企业在交易和融资过程中，一心想的是如何获取贷款，对于还款和还款能力并没有考虑太多，甚至根本不想还款。还有一些民营企业假借兼并、破产或重组的机会，逃避债务，造成商业银行大量债务难以追回，外加地方政府保护行为、市场干预等，导致民营企业信誉普遍极低。

二、融资难的外部原因

1. 民营企业融资的相关法律法规不健全

在民营企业融资法律方面，一直是个短板。自 2003 年《民营企业促进法》颁布后就再也没有什么实质性的法律条文，即使出台的《公司法》、《商业银行法》等也都缺少支持民营企业的条款。目前涉及民营企业融资相对较多的就是信用和担保，企业信用是银行用来核定企业贷款的一个重要条件，而担保从另一方面来讲就是对民营企业贷款行为信用的保证。但现在看来，在这两个方面也没有什么法律政策规定。在担保方面，我国《担保法》于 1995 年出台，对担保行为进行了规范，在对担保机构方面仍然没有明确规定。在信用建设方面，我国的《担保法》、《票据法》等都涉及了信用的规范，但都较分散，未形成一个独立的信用法。信用法在发达国家都是一部独立的法律，但我国迄今尚未出台，针对企业的信用评估缺乏统一的监管，对企业的一些不诚信行为因没有法律约束，使得无法进行惩戒，不利于企业发展。

2. 银行风险防范机制和盈利原则扭曲了信贷机制

首先，因防范风险的需要，银行对贷款条件要求严格，在某些方面甚至有些苛刻。由于信贷资源的稀缺性，在不完全竞争的条件下，信贷机制缺乏灵活性。针对信贷评价指标，对企业的资产规模和盈利能力提出了较高要求，对企业创新能力和未来发展空间则从不考虑，因此一般民营企业根本不符合条件。其次，为防范金融风险，自 1998 年起四大国有商业银行信贷权限上划，基层银行贷款审批权受限，一笔贷款的完成往往需要经过支行、分行甚至是省行的批复，拉长了办理时间，无法满足民营企业资金周转快的特点。再次，商业银行以盈利为主要目标，因信贷审批机制的滞后性，民营企业尽管数额小，期限短，但在银行的每笔业务流程基本相同的前提下，相对于向大型企业贷款，银行向民营企业发放贷款的成本高而收益低。在此因素下，信贷人员喜欢承接大企业、大公司的贷款申请，而对民营企业的贷款申请则显得不积极。根据有关报告，当下民营企业资金缺口严重，其融资主要还是依靠银行贷款，但我国商业银行对民营企业贷款拒绝率高达 50% 以上。

3. 政府政策支持很有限

一是政府政策取向重大轻小。国家对国有大中型企业和企业集团制定和实施了不少扶持政策，使其融资问题已经在很大程度上得到了解决。相比之下，政府虽然出台了扶持民营企业发展的一系列政策和措施，但这些措施缺乏配套政策，不能从根本上解决民营企业融资不足的问题。二是政府中介职能作用发挥不够。政府只关注重点骨干企业成长，对民营企业整体发展协调、引导力度不够，没有协调好行政收费部门与银行、企业的关系。不论是企业办理抵押贷款，还是银行接收和处置抵贷资产，都要经过行政部门的各种收费环节，突出表现在土地、房产、工商、税务、公证等部门。

4. 直接融资渠道不畅

我国在开展直接融资、发展资本市场的问题上也忽视了众多的民营企业。我国资本市场结构单一，使得民营企业直接融资很困难，而证券市场门槛高，法律对企业资本规模、盈利等都有较高的要求，一般民营企业达不到上市标准。创业投资体制不健全，我国很多民营企业处于创业初期或属于劳动密集型行业，达不到民营企业板块的上市条件，也难以承受直接融资的高成本。公司债券发行企业与金融行业的准入障碍等都促使民营企业很难通过资本市场公开筹集资金。民间融资也是重要的直接融资渠道，其具有融资快、门槛低等优势，可以丰富民营企业融资渠道，满足其临时性资金需求。但这是一种非正式的方式，渠道很不稳定，国家尚未出台相关法规来规范，属私下的融资，容易带来一些社会问题。

5. 信息不对称使商业银行对民营企业逐渐疏远

一般而言，借款企业对自身的状况更加了解，而商业银行通常难以了解借款企业的真实意图和真实还款能力。这种现象容易导致商业银行与民营企业之间存在信息不对称，进而可能产生逆向选择和道德风险。对商业银行而言，商业银行为了规避风险，避免利益损失，通常会选择少发放贷款，甚至不发放贷款，这就是所谓的逆向选择现象，这通常发生在贷款发生之前；在贷款发放之后，企业受利益驱动，可能更倾向于选择风险高、回报大的项目，这极可能与贷款时的承诺相背离，给商业银行的贷款资产带来较高的风险，这就是所谓的道德风险，道德风险的存在也会降低商业银行向民营企业贷款的意愿；对民营企业而言，由于缺乏公开的信息披露途径，民营企业的信用贷款、资产评估及监督方面均不是很完善，商业银行难以全面掌握民营企业的信用状况，也缺少对贷款流向的有效监管。另外，由于民营企业内部管理不够完善，很多民营企业存在做虚假报表等现象，商业银行很难从其财务报表等信息中得以了解民营企业的全貌。信息不对称的存在极大限制了商业银行向民营企业贷款的意愿。

第五节　破解民营企业融资难的战略对策

民营企业是中国经济社会的细胞，经济社会要实现健康快速发展，就必须着力破解民营企业融资难题、维持民营企业发展活力。要将民营企业从当前融资难的困境中拯救出来，需要政府政策引导支持、民营企业自身努力以及金融机构创新方式三方面同时发力，“内外”兼修，多措并举。

一、政府加强引导服务

成立政府金融工作协调领导小组，下设办公室，银监局、人民银行、国有商业银行、驻地股份制银行、农发行、农村信用合作联社、邮政储蓄银行、地方城市银行等为成员单位；建立健全金融工作协调领导小组会议、金融机构联席会议制度，贯彻执行国家金融方针政策，营造良好金融环境，维护金融秩序，组织实施政府对地方金融业的宏观管理，协调政府性融资工作，负责企业上市的规划和协调指导以及非国有企业上市的推荐服务工作；出台支持政策，如提高商业银行对民营企业贷款积极性的政策，修改国有商业银行企业信用等级评定标准的政策，建立规范的小企业抵押贷款制度的政策，容许符合条件的实现股份制改造的民营企业以股票、债券等非信贷方式融资的政策，对高新技术民营企业实施资金扶持计划的政策，扶持担保机构发展壮大的政策，对民营企业中的“特定事项”实施资金扶持的政策等；完善服务体系，成立民营企业服务中心，建立针对直接债务融资的风险补偿机制，推行集合债券、集合票据等直接债务融资业务；引导民间资本，鼓励民间资本组建私募基金、投资基金，为企业、机构投资者和富有投资人提供更广泛、更灵活、更具有个性化的投资工具。引导和支持网络融资等新业务，利用新技术、新手段来提高民间资本的利用效率。

二、企业自身练好内功

提高企业管理者自身素质，优化自身的知识结构，满足现代经营管理的需要；改善经营管理，建立完善的公司治理结构。加快建立健全财务会计制度和财务报表体系，努力提高财务信息可信度和透明度，定期与金融机构沟通，如实将生产经营情况和企业重大决策情况向金融机构反映，以取得理解和支持，及时还本付息，树立守信履约的良好形象，重视信用等级的评定，努力提升信用优势，从根本上解决民营企业与银行之间的信息不对称，满足金融机构对民营企业的信用信息需求；加快生产经营方式的转变，提高管理水平，制定合理的企业发展规划、经营计划，改变粗放型经济增长方式，提高自主创新能力，推进技术进步，提高产品科技含量，强化风险意识，尽量低负债运营，以争取更多的融资机会；学会抱团自救，企业面临困境，更多的是抱团自救，如行业协会、同盟会、商会、同学会、校友会等组织机构抱团，熟悉的企业相互帮忙，由参会的企业自愿出资，临时成立急救基金，制定一套管理制度，支付一定利息，谁需要时就调配资金周转。

三、金融机构创新方式

转变观念，改变主要支持国有大中型企业的指导思想，把贷款投到符合国家产业政策、效益好的民营企业上来，将支持民营企业发展作为新的贷款增长点；严格控制信贷资金投向非实体经济，特别要严控“两高一资”（即高耗能、高污染、资源性）行业企业的信贷投放，减缓对基础设施等非生产领域的信贷投放，要把信贷资金更多地投向县域经济特别是民营企业；设立专项民营企业资金，各银行业机构要从全年信贷增量不超过去年信贷增量 95% 的信贷额度中，划出一个比例，作为专项民营企业信贷资金，专门支持那些手上有订单，周转资金不足，符合国家产业政策的民营企业；简化民营企业贷款审批手续，对于民营企业贷款，实行完全信贷员负责制，贷款的调查与发放由信贷员完成，该信贷员是此笔贷款唯一的和终身的责任人，使责权利明确；开发银行信贷新产品，鼓励银行不断尝试订单贷款、应收账款质押贷款、开办动产质押物贷款等多种信贷模式，扩大民营企业信贷方式方法，提高信贷种类和信贷规模；打破国有商业银行的垄断，鼓励与扶持中小型股份制商业银行，放弃金融抑制，逐步推行利率市场化，遏制信贷市场寻租行为。

四、银政银企常态对接

继续通过举办政银企对接活动形式，引导企业加强与银行合作，为企业谋求银行贷款牵线搭桥。积极协调推进商业银行、工业园区、担保公司的“银、园、保”合作。具体运作方式是：商业银行对民营企业进行贷前审查和贷款；工业园区管委会负责推荐园区内具有成长性的民营企业，并协助办理抵押登记等相关手续；担保公司负责贷款担保及授信企业的贷后跟踪管理工作。

五、建立企业征信系统

通过对工商、税务登记、质量认证、法律诉讼、法人代表品行及经营业绩进行广泛收集，将企业信用信息进行整合，纳入系统管理。争取用 2 年至 3 年时间，逐步建立和完善以企业信用信息征集、信用评价、信用监督为主要内容的民营企业信用服务平台，促使民营企业信用水平明显提高。

六、培育企业上市融资

（1）政府要出台《鼓励企业上市奖励办法》、《培育企业上市操作规程》等政策，调动企业上市积极性，扶持引导企业善于通过引进 PE（市盈率）和 VC（风险投资）模式寻找战略合作伙伴，走企改上市直接融资的路子。

（2）市县两级人民银行、银监局、政府金融办、工信委等有关部门，要各司其职，合力运作，积极推动民营企业特别是科技小企业在创业板、中小板、新三板上市融资，或将同质类的民营企业捆绑起来上市融资。

（3）实施上市后备企业梯度培育工程，强化考核机制，协调有关职能部门建立绿色通道，切实解决好企业改制上市过程中遇到的困难和问题，每年保证培育一定数量的企业作为上市后备资源。

（4）鼓励有实力的企业参与上市公司的兼并重组，支持主营业务突出、技术创新能力强的上市公司扩大直接融资规模，培育龙头上市企业。

（5）着力扶持一批有自有技术、自主品牌、科技含量高、核心竞争力强的优质企业形成一批行业龙头和集团企业，以更雄厚的实力走向资本市场。

七、鼓励发展担保机构

积极推动企业、社会资金和外资进入信用担保领域，组建政策性、商业性、互助性或会员制担保机构，形成各类担保机构相互补充、平等竞争、有序发展的担保体系；规范发展一批规模较大的担保机构，淘汰一批小的机构，做大担保业务，切实解决民营企业贷款质押物不足的问题；组建市级再担保公司，采取“政府性引导、市场化运作、公司化管理”的模式运行，再担保公司以市内规范的信用担保机构和民营企业为服务对象，开展担保和再担保业务。

八、引导民间阳光借贷

民间借贷并非洪水猛兽，在江浙一带创业初期，在民营经济从草根企业发展为中坚力量时，民间借贷起到了巨大的助推作用。鉴于求贷若渴的民营企业是民间借贷资金的一个重要流向，应加快探索民营企业的产权流转体系，提高民间借贷的阳光化和组织化程度。可尝试通过私募股权投资、风险投资的渠道，设立股权营运中心、民间资本投资服务中心以及风险投资研究院等机构，为民间资本拓展更多进入小企业的安全通道，鼓励民间资本发起或参与设立村镇银行、贷款公司、农村资金互助社等金融机构，并支持民间资本以入股方式参与商业银行的增资扩股，参与农村信用社、城市信用社的改制工作。

第三章　银行的民营企业融资业务

着力解决好民营企业融资难问题，不仅对支持民营企业成长、推动国民经济发展有着重大意义，也对促进商业银行持续发展有着极其重要的现实意义。商业银行要准确把握民营企业信贷需求特点，深入剖析融资难问题根源，在设立民营企业专门贷款、实施灵活科学的授权管理、创新信贷管理评价管理体系、加大个性化产品创新力度、创新建立民营企业直接融资桥梁等方面进行积极探索，全力支持民营企业快速发展。

第一节　银行的本质定位

银行的本质，就是三句话：一是为有钱人理财，为缺钱人融资；二是信用、杠杆、风险；三是金融不是单纯的卡拉 OK、自拉自唱的行业，它是为实体经济服务的，金融如果不为实体经济服务，就没有灵魂，就是毫无意义的泡沫。从这个意义上说，金融业就是服务业。

一、理财和融资

银行是干什么的？一方面，老百姓有钱存在银行里；另一方面，企业需要钱，银行就是在之间起着桥梁，起到中介和服务作用。保险是干什么的？保险实际上是人在健康、安全的时候，有余钱买了保险，发生生病、死亡等意外突发事件的时候拿来救急，这个过程是人自己给自己的一个平衡，当这笔钱放在保险公司，又可以为企业融资提供资金来源。证券市场更是如此，老百姓冒一定的风险投资买股票，取得回报，不管是赚的企业利润分配，还是股价差价，总之是为有钱人理财的一个桥梁。租赁也一样，一个企业没钱一次性投资 10 亿元，就要借债，如果通过租赁，把一次性的巨额投资转化为日常的租赁费用，那么投资资本和资金就转化为租赁公司的资金，而企业不出这笔钱，摊入运行成本，运行成本增加以后，少交一点所得税，或者产生各种各样的效益。这也一样起到为需要钱的人融资的作用。银行有十几个金融品种，不管是直接金融系统的资本市场发债券、发股票，还是间接的金融系统商业银行或者非银行金融系统，都是各种理财方式、中介方式，本质上就是为有钱人理财，为缺钱人融资。

二、信用、杠杆、风险

1. 信用

没有信用就没有金融，信用是金融的立身之本，是金融的生命线。金融的生命线，一种体现在是金融企业本身的生命线，金融企业本身要有信用；一种体现在与金融机构借钱的企业也要有信用；还有一种体现在老百姓在你这儿存款、投资的过程中，各种中介服务类的企业当然也要有信用。信用从哪儿来呢？对非金融企业来说，你跟金融单位融资，没有信用就无法融资，任何在这个问题上投机取巧的人，最终一定会受到惩罚。说我不要信用也能融资都是胡扯，离开金融本源的任何理论都是不成立的，这个本源就是两个字——“信用”，是金融安身立命之本。

企业的信用在哪儿呢？第一，企业要有现金流，你向银行借 1 亿元，银行就要审核这个企业每天、每月、每季度、每年现金流怎么样，现金流比利润还重要。所以，资本市场上考核企业的第一个信用就是分析财务报表里的现金流。第二，企业要有利润，如果企业一年有 1 亿元利润，10 倍市盈率，股票市场价格可以值 10 亿元，买的股票就赚钱了。第三，要有抵押物，如果回报率、现金流不大讲得清，但这个企业很重要，担保公司愿意为他担保，或者某个第三方企业帮他担保，担保物是充实的，银行当然可以照贷无误，如果万一企业不行，担保公司、第三方企业理赔，这也是一种信用。第四，企业的经理是一个世界有名、中国有名、区域有名的非常诚实的优秀企业家，如果遇上金融危机，遇上特殊困难，暂时遇到困难，他个人的信用就是含金量。

2. 杠杆

金融的特点就是杠杆，没有杠杆就没有金融。为什么要信用？因为信用是杠杆的基础，你有信用，我才杠杆，如果什么事都是 1∶1 的，我拿 100 元给你，你就给我 100 元的货物，大家一手交钱，一手交货，就不需要信用了。一旦有信用，就有透支，透支就是杠杆。银行的存贷比，就是一种杠杆比例。有 10 亿元注册资本，可以搞 100 亿元贷款，资本充足率 1∶10，也是个杠杆比。租赁公司如果有 50 亿元资本，可以搞 500 亿元租赁，也是 1∶10 的杠杆。股票市场搞融资融券，也是个杠杆比，你有 100 万元的股票，跟证券公司可以融资也罢，融券也罢，借给你一定比例的透支，总之没有比例就没有金融。

3. 风险

所有的金融风险都是杠杆比过高造成的，没有杠杆比就没有金融，但杠杆比过高就产生风险。一切金融的创新都是想方法把杠杆放大，一切金融危机的本质就是杠杆比放大，真正的智慧就是设计一个风险比较小的、有一定信用基础的、可靠的、不容易坏账的杠杆比，那才是智慧，是金融的精髓。过分的杠杆比是一切坏账、一切风险、一切金融危机的来源，坏账是讲具体的一个企业，风险是这个系统体系发生的事，危机就是延伸到一个地区，一个国家，乃至整个世界的事。所有的这些，都和杠杆比、和风险没控制好有关系。解决金融危机的全部办法也就是三个字——“去杠杆”，不管是国家级的去杠杆，还是某个行业的去杠杆，还是某个企业的去杠杆，实质就这么简单。

三、金融的要义是为实体经济服务

金融是现代经济的核心，这个核心是怎么形成的？要为实体经济服务，如果不为实体经济服务，这个中心就变成以自我为中心，就会异化为一个卡拉OK、自拉自唱、虚无缥渺的东西。金融只有在为实体经济服务的过程中，围绕着实体经济运转的过程中，才能成为中心。“百业兴，则金融兴；百业稳，则金融稳”，这两句话应该是金融界的戒律。金融要在为实体经济服务、为民营企业服务、为“三农”服务、为结构调整服务、为国家的战略重点服务的过程中，最重要的就是做好“三管齐下”的工作：第一管，是间接金融中的商业银行贷款融通的体系；第二管，是要发展直接金融中资本市场的融资体系；第三管，是发展小贷公司、信托公司、财务公司、租赁公司等各种各样的非银行金融体系。要以实体经济的发展为出发点推进金融改革创新，进一步改善融资服务，做好民营企业信用担保体系建设的规范、扶持和监管，推动民间资本依法发起设立中小型银行、利率市场化、健全多层次资本市场等改革，促进金融资源向民营企业倾斜。

第二节　银行发展民营企业融资业务的重要意义

随着金融市场的迅速发展，大客户直接融资渠道不断扩大、议价能力不断加强，对银行贡献度下降速度比预计加快，商业银行通过依托大客户维持高速增长的局面难以再现，而民营企业市场资源丰富、发展潜力巨大，银行在兼顾风险和收益的前提下发展民营企业融资业务具有重要战略意义。

一、填补了大客户贡献度下降的盈利空间

目前大客户资金管理水平普遍提高，大客户基本都建立了资金网络，资金实行集约化的管理，导致银行大企业存款、贷款业务份额逐步下降；大客户融资能力提高，直接融资渠道畅通，传统贷款业务需求增长不足，例如，短期融资市场的迅猛发展，使“金融脱媒”① 步伐加快，商业银行的传统信贷业务面临严峻考验；银行同业目标市场趋同，激烈竞争导致银行在与大客户谈判中往往处于弱势地位，贷款议价能力不强，中间业务收益水平较低。迫于竞争压力，目前银行许多大客户的贷款利率都是基准利率，特别是垄断性大集团客户大部分是基准利率下浮 10%，而对大客户的中间业务也往往因追求可观的贷款利差而不收费或少收费。在这样的背景下，商业银行大力发展民营企业融资，有利于填补大客户贡献度下降的盈利空间。

二、开辟了银行提高利润增长点的新领域

虽然民营企业在实际发展过程中存在着一些融资局限性，但我们也应当看到很多的大型企业和发展比较好的企业，都是从民营企业开始的，数量众多的民营企业中也不乏有成长性与盈利能力的企业存在。因此，具有发展潜力的民营企业，经过银行的信贷扶持，很有可能迅速发展壮大，成为商业银行的新利润增长点。随着民营企业贡献度逐步上升，民营企业日益成为商业银行发展的战略性目标。

1. 中小客户成为银行新的利润增长点

银行对于中小客户贷款议价能力强，中间业务收益水平高。据某国有银行浙江省分行调查数据显示，该行民营企业贷款余额占公司客户贷款余额 70%，民营企业贷款利率平均在基准利率上浮 20%，远高于其他贷款收益，公司类贷款利息收入的 85% 来自民营企业，中间业务、国际业务、信用卡业务等方面民营企业也是创收主力军。

2. 分散风险，增加流动性

商业银行可以通过发展民营企业金融业务分散集中度风险，对信贷资产结构和客户结构进行战略性调整；同时，由于民营企业客户的信贷需求大部分为

---

① “脱媒”一般是指在进行交易时跳过所有中间人而直接在供需双方间进行。“金融脱媒”又称“金融非中介化”，是指在金融管制的情况下，资金供给绕开商业银行体系，直接输送给需求方和融资者，完成资金的体外循环。

短期信贷产品，拓展和开发适合民营企业特点的短期信贷产品，对于调整资产结构，降低资产负债错配风险有重要意义。

3. 资源丰富、发展空间和潜力巨大

目前，民营企业和个体工商户的数量较多，而各家银行民营企业客户在总客户数中占比例极低，并形成了较大的反差，因此，巨大的民营企业资源和业务发展空间有待挖掘和拓展。

三、履行了银行社会责任的要求

随着国民经济发展阶段的逐步提升，社会各界对银行的社会责任日益重视，银行在实现效益、质量、规模协调发展的同时，还必须切实履行相应的社会责任，提升品牌价值。民营企业是推动国民经济发展、构造多元化市场经济主体、促进社会稳定、缓解就业压力的重要力量。要使我国经济结构根本性调整，需要民营企业有更快、更大的发展。长期以来，虽然民营企业信贷需求旺盛，但难以获得银行信贷资金的支持，银行贷款民营企业在融资结构中所占比重不足10%。在“2011APEC民营企业峰会”上，国务院参事陈全生认为：全国99%民营企业能够获得银行贷款的不到10%，90%的民营企业得不到银行融资。民营企业由于融资受限而难以发展壮大，由此导致全国每年损失就业机会大约在800万个左右。在有效控制风险的前提下，加大对民营企业的金融支持力度，是商业银行履行社会责任，密切银政关系，树立良好社会形象的要求。

四、形成了银行同业间的理性竞争

近年来，随着我国社会经济的飞速发展和各类外资银行的不断涌入，可以说金融市场呈现出了前所未有的繁荣态势。各类商业银行之间的竞争变得非常激烈，一些银行为了开拓或保留优质客户资源，大幅让利，形成了同业间的非理性竞争。客户资源短缺已经成为国内银行发展的重要制约因素，尤其以大企业和大集团作为主要业务收入来源的商业银行业务经营模式将难以为继，商业银行必须开辟新的利润增长点。因此对民营企业的信贷业务必将成为商业银行未来工作重点，使商业银行走出非理性竞争的红海，在差异化中创造了一片自己的“蓝海”①，开辟出商业银行可持续发展的新路径。

五、优化了银行业务结构

银行监管，特别是资本监督力度的空前提高，对银行传统粗放式发展模式提出严峻挑战，走资本节约、产出高效的可持续发展道路成为国内银行的必然选择。在这样的战略方向下，资本占用相对较低的零售银行业务特别是小微金融业务、中间业务就成为商业银行战略转型的重点。首先，大型、特大型企业脱媒之势不可阻挡。由于目前商业银行激烈争夺的公司大客户大多数属于上市公司，具有更多的直接融资渠道，对银行贷款融资的需求下降，加之大客户市场竞争激烈，贷款处于买方定价的状况，银行贷款净利差大幅收窄，盈利能力下降；其次，受融资规模和财务状况等因素影响，民营企业直接融资渠道较少，更多依赖银行间接融资，且中国民营企业贷款市场潜力巨大，因此，商业银行在小微企业贷款中具有更大的定价权，在有效控制风险的情况下，银行可以通过利率定价实现“收益覆盖风险”，提升盈利能力；再次，商业银行通过发展小微金融业务，可以实现客户多元化，有效分散风险，推动交叉销售，促进民营银行、财富管理、中间业务的发展，提升综合收益水平。

第三节　从商业银行角度分析民营企业融资难原因

民营企业贷款难是个不争的事实，个中原因极为复杂，有其自身存在的内部原因，也有其所面临环境的外部原因。其中商业银行不适应民营企业融资需求的经营战略、经营机制、信贷管理方式、金融产品和担保体系等因素，是民营企业融资最直接的外部环境，是影响民营企业融资活动最重要的外部原因。

一、在客户政策上的原因

1. 银行普遍存在“嫌贫爱富”的心理

大型企业贷款回报率高，因此银行对其放贷时一路绿灯，而民营企业融资综合回报率低。据以往银行的数据显示，当存贷利差达到10个百分点时，银行对民营企业融资才能覆盖成本和风险，照此计算，贷款利率一般要达到

---

① 蓝海是指一种没有恶性竞争、充满利润和诱惑的新兴市场。红海是指已知的市场空间，泛指竞争相当激烈的市场。

15%以上。据统计，民营企业贷款利率区间在8.5%—13.6%之间，只有预计利率的一半，影响了银行信贷投入的积极性。现行民营企业的平均资产报酬率约为12.75%，小企业愿意支付贷款利息的能力也十分有限。而且银行作为一个股份公司，追求利润，降低成本是其目的，民营企业贷款的特点是短、频、快。银行营业成本的50%来自人工成本，一笔500万元的贷款和一笔5亿元的贷款在手续费上是完全一致的，但是效益却差了几百倍。

2. 银行普遍存在对民营企业信用歧视

在银行的观念中，大型企业和国有企业在各方面都要比民营企业好，贷款给他们基本不会存在资产的流失的风险。而民营企业大多数是非国有的企业，效益不稳定，可提供的抵押物少，抵押物的折扣率高，并且手续繁琐。贷款回收不好，信誉差，容易导致资产流失，所以银行一般对民营企业贷款十分慎重，条件较为苛刻。特别是中央为了搞活企业，提出了“抓大放小”的方针政策，要求银行部门要重点支持大企业，确保大企业的信贷，对民营企业就不重视，在确保大企业的基础上才予以考虑，造成了对民营企业的信用歧视，导致银行在对大企业和民营企业融资问题上的不平等。

二、在控制风险上的原因

1. 民营企业的倒闭率相当高

我国有近30%的私营民营企业在2年内消失，近60%在4—5年内消失。企业寿命和前景的不确定性使得银行对企业的评级相当困难。这直接导致民营企业贷款不良贷款率上升。资料显示，民营企业不良贷款率是11.6%，高于整个银行业七八个百分点，而国有大型企业有国家支持，风险低。这直接导致国有商业银行与股份制商业银行在大客户的争夺上拼得头破血流，甚至争相降低盈利吸引大客户，而对民营企业贷款提不起兴趣。

2. 民营企业的担保问题

在实际操作中，抵押担保仍然是银行向民营企业贷款时规避风险的一个重要手段。与大型企业相比，民营企业的规模较小，拥有的固定资产比例低，抵押品不足。银行对抵押品的要求比较严格，除了土地、设备和房地产外，很少再能接受其他形式的抵押产品。这就造成了民营企业没有东西担保，也就贷不了款了。使用政策性担保的话，担保机构缺乏专业队伍，担保手续复杂、担保条件苛刻。而国有大型企业拥有大量的厂房、地皮，甚至国家出面为其担保。

3. 信息不对称的问题

信息不对称分为事前不对称和事后不对称，事前信息不对称包括银行不能清楚地了解贷款要求者的经营能力、经营状况以及贷款所投项目的真实情况，民营企业对于自身的信息了解充分，而银行工作人员对于民营企业的相关信息了解贫乏，处于不利地位；事后不对称包括：银行在监督企业经营者是否努力工作及资金使用的真实情况方而存在困难。这是由于银行方面缺乏相关财务人才对民营企业报表审查把关，也由于民营企业的财务状况混乱，账表虚假，银行没有办法以此判断哪些东西是真实的，因此不敢放款。

三、在信贷制度上的原因

1. 银行信贷制度不完善不合理

在贷款权限上，普遍实行集中审批制，作为最了解当地企业情况的银行基层单位几乎不具备向民营企业贷款的权限。商业银行基层行信贷权限被上收，削弱了对小企业的支持。评级标准上，原有的评级体系在各项规模指标上所占权重较大，不利于小企业评级。一般的商业银行并没有建立专业的针对民营企业的信贷制度，对于民营企业的信用评级与大型企业制定的是一类标准，使得具体问题没有具体分析，对民营企业是不公正的。

2. 民营企业财务报告信息质量不高

大部分民营企业由于信用意识淡薄，使得财务报表普遍不规范、不完整、不真实，财务管理水平低下，财务制度不完善，而银行出于风险控制的因素，为了减少为了解民营企业实际财务状况和经营成果的经费，减少坏账，银行紧缩对民营企业的贷款额度，从而加剧了融资矛盾，给民营企业的发展以及经济的发展带来阻碍。即使部分企业重视信用观念，但是在银行很难花气力将其跟其他企业分辨出来，说明信用观念的淡薄影响了整个民营企业的发展。

四、在激励约束机制上的原因

对于银行而言，银行贷款收回以后的奖励非常有限，或者根本没有奖励，到期不能收回，却要受到严重的处罚，而且对贷款第一责任人所实行的是终身责任制。银行普遍实行信贷风险责任追究制度，一旦出现风险，客户经理将被扣薪直至下岗清收。在这种奖惩不对称的激励机制限制下，很多商业银行对民营企业的放贷积极性也就降低了，这也客观上造成了客户经理对民营企业的不公正，对于不能获得充分信息的民营企业存在歧视，包括出于经济效益的考虑，客户经理不愿意冒风险开发此类业务。

第四节　商业银行发展民营企业融资业务的对策

商业银行在解决民营企业融资难问题上具有至关重要的作用，民营企业也是商业银行利润的新增长点。打破银行垄断经营机制，消除对民营企业的歧视现象，按照市场规律确定资金流向，积极寻找、培育和扶持有市场、有效益、有潜力、有信用的民营企业，通过扶持这些民营企业来带动自身资产质量的优化，给民营企业创造良好的融资平台，最终达到自身与企业双赢的目的。

一、转变观念开发批量客户

商业银行要真正辩证地看待大、中、小企业的关系。走出以企业规模、性质作为支持与否的误区，支持民营企业的合理资金需求。遵循公平、公正和诚信原则，逐步提高对民营企业信贷投入的比重，修改企业信用等级评定标准，为民营企业营造公平的贷款环境。摒弃20%的大客户创造80%利润的传统认识，避免贷款同质同类化。要着重考察企业的行业前景以及管理层素质，培养种子企业。银行更要将注意力转到民营企业身上，增加客户数量，构建成长型民营企业基础客户群，形成良性的业务增长机制。避免在争夺大客户身上恶性竞争，积极挖掘新的效益增长点。

银行要根据民营企业市场分布与风险控制的特点，应当以配套型、集聚型客户①为主导，实行模式化批量授信，不应当一味地以单一大客户为授信重点。围绕产业链、物流链拓展目标客户，通过对区域环境、配套服务、集聚效应、发展潜力等因素的综合评估，选择重点区域内的产业集群或专业化市场作为目标市场；在对目标市场内民营企业风险特征进行深入分析和归纳的基础上，设计行之有效的风险缓释措施，批量开发目标市场内的集聚型民营企业。2011年，南宁光大银行针对民营企业推出了金融创新产品——民营企业联保融资，根据所在区域经济特点和市场情况，选择地方支柱行业企业上、下游民营企业、地方大型专业化市场或地方优势产业集群内的民营企业、区域内国家高新技术开发区或园区内成长型科技民营企业。具体供应链条围绕在制造业、

---

① 商业银行把配套型、集聚型、科技创新型民营企业作为自己的三大目标市场和主流客户，努力成为其主流服务银行。配套型是指形成产业配套的民营企业，集聚型是指聚集度高的民营企业。

建筑业、物流仓储行业，如汽车、机械、石油化工、电子设备、房地产、物流公司等企业。

二、设立民营企业业务专营机构

1. 建立专营机构的必要性

商业银行应该在信贷业务的扩展方面主要注意两个因素：一是成本，二是风险。民营企业与传统的信贷业务相比，在行业标准、产品、征信标准、审查内容、风险控制等方面是具有很大差异的，因此，银行要将成本和风险都达到平衡就只有不断进行机构整合。只有从组织机构上不断完善，商业银行才能针对民营企业的特点来开展信贷业务，这样才能真正帮助民营企业解决融资困难，也同时促进商业银行的长远发展。

2. 专营机构的组织结构框架

商业银行应该在总部建立专门的民营企业贷款部门，对民营企业的信贷业务进行统筹的规划和管理，针对民营企业的贷款需求制定健全的、独立的信贷计划、评审系统、财务资源配置等等，这样才能使民营企业的金融服务更加标准和完善。另外，商业银行还可以为民营企业信贷客户提供更全面的客户营销与管理技术指导，针对民营企业业务建立统一的负责机构，严格按照完整的业务流程、规章制度以及管理机制等为民营企业提供指导，使其可以健康发展。

三、加强民营企业融资业务的考核机制

1. 核算方面

为民营企业建立专营机构与独立的核算体系，对其进行准确的分类、实现独立分账与专项统计等功能，专营机构主要负责收集民营企业的财务账表、资产负债表以及损益表等，然后在管理会计帮助下对民营企业进行成本分析、定价转移，以此实现独立的成本核算。

2. 绩效考核方面

商业银行采用一定的考核方法对民营企业的信贷业务员进行独立的绩效考核，最后根据考核结果对业务人员薪酬进行调整，其中分支机构的客户经理的薪资应该与民营企业的信贷业务质量有直接关系，风险管理主管人员的薪资应该与资产质量、贷款效益等挂钩，授信审查者的薪资应该与审贷效率、质量以及效益等联系起来。对于不良资产的考核，采用专门的容忍度指标，如果分支机构在一定容忍度限额之内，可以不追究责任，以减小分支机构与客户经理对

民营企业的融资信贷担忧。

3. 资源配置方面

为了使商业银行在民营企业信贷业务上提升积极性，在各方面都要建立相应的政策，根据商业银行的需求不断调整政策。在信贷资源配置方面，根据民营企业的实际情况确定信贷规模，以满足民营企业的融资需求。在风险控制方面，将民营企业的贷款风险采取分散的措施，安排一定的风险准备金，以减少民营企业的不良信用行为。在资产工资分配方面，在考核期间，针对民营企业贷款需求不断增加业务办理人员，提升他们的薪资水平。

四、健全完善信用担保体系

1. 转变对抵押物的认识

把抵押担保作为促使借款人信守贷款合同的心理压力，而不是作为主要的还款来源。比如借款人的个人财产作抵押担保，以促使借款人不得不还款。

2. 拓宽担保来源的渠道

改变过去以固定资产为担保主体的模式，尝试以民营企业的专利技术等一些有价值的无形资产，以及订货单作为新的担保来源。以便企业的融资抵押物更加灵活，更容易贷到款。知识产权质押贷款是指以合法拥有的专利权、商标权、著作权中的财产权经评估后向银行申请融资。由于专利权等知识产权实施与变现的特殊性，目前只有极少数银行对部分民营企业提供此项融资便利，而且一般需由企业法定代表人加保；订单贷款是指企业持银行认可的购销合同和买方发出的真实有效的购货订单向银行申请的资金融通业务。在这一过程中弱化了抵押和担保，从而帮助企业把握贸易机会，避免因资金紧张而放弃大订单。

3. 拓宽担保平台

根据目标市场情况，通过引入第三方风险缓释方，搭建风险共担平台，对目标市场内的客户进行批发授信的一种融资模式。第三方风险缓释方主要为具有财政背景的担保公司、再担保公司、基金公司，或专业性较强、实力较强的区域龙头担保公司等。

4. 创新担保模式

一是银租通模式。这是基于成套设备的生产和销售，由租赁公司和商业银行为成套设备生产商的民营企业用户提供集成套设备销售、技术、贸易和融资服务于一体的，标准化、系统化的一种融资服务模式。包括由成套设备生产商向租赁公司提供回购担保，或回购保证金质押担保，租赁公司向商业银行提供除制造商和承租人以外的第三方连带责任保证等不同组合方式的混合担保；二是联保模式。这是指目标市场内民营企业按照自愿原则，依据一定的规则组成联保体，由商业银行对联保小组成员进行授信，成员之间相互承担连带保证责任的一种融资模式。通过设立 4 到 5 道信用风险过滤屏，逐层筛选联保小组信用风险，获得相对安全的局部信用环境，同时带动其他相关业务收益。

五、提高民营企业融资业务的工作效率

1. 优化信贷业务的流程

民营企业的贷款规模普遍较小、数量多、融资需求旺盛，他们需要的贷款通常比较急，但是，银行操作流程一般需要较长的时间，银行与民营企业的融资需求有很大出入。因此，商业银行应该在传统的贷款程序中不断简化流程，采用具有差异性的方法来办理民营企业的融资业务，而对于符合条件的民营企业采用信用等级、授信等简便的流程来办理。

2. 完善信贷业务的审批机制

根据民营企业服务中心要求对民营企业进行独立的审核，根据专门的民营企业业务授信、审批以及授权等方法办理民营企业的信贷业务。

六、开发适合民营企业融资的特色产品

针对民营企业所具有的贷款金额小、贷款成本高、笔数多以及贷款风险难控制等特点，商业银行要结合自身条件，适当地推出一些可以满足民营企业需求的个性化金融产品，既可以有效地控制风险，又能批量推广。目前来看，国内已经开发的特色产品有招商银行的“点金物流金融”，这一业务是专门针对民营企业融资困难的特色产品，通过供应链库存向民营企业提供了足够的融资需求，这是该款产品的关键，在资金流动与周转方面具有很大的作用；兴业银行针对民营企业的融资主要推出的产品为“金芝麻”，这一产品与企业的现金流、物流等有着密切的关系，使民营企业在贷款方面降低了门槛，该服务产品主要包括成本采购、扩大销售、资金回笼、资金短缺等。这些针对民营企业开发的金融服务产品，不仅降低了贷款门槛，而且提高了实用性。对于商业银行而言，可以扩大销售和避免坏账，力求破解民营企业长期存在的融资难题，使民营企业的融资需求得到了很大的解决。

第五节 浙江民营商业银行的经验借鉴及启示

民营企业发展较快的地区，麦克米伦缺口最为突出，治理的冲动也最为强烈。在民营企业数量较多的浙江，其麦克米伦缺口的治理就走在全国之先。

一、培育“草根金融”

针对中国金融体系的缺陷，着力培育专门为民营企业服务的“草根银行”，以完善支持民营企业发展的金融体系。2006年前后，台州市商业银行、浙江泰隆商业银行、浙江民泰商业银行在民营企业十分发达的台州地区相继问世，成为支持民营企业发展不可或缺的草根金融组织。“草根银行”定位准确，坚持为民营企业提供金融服务不动摇。“草根银行”采用扁平化组织结构，管理层次少，委托代理链条短，从而有效地避免了大型金融机构因中间层次多引起的管理信息传递失真、决策效率弱化、市场反应能力受制、运行成本高昂等问题。“草根银行”营业网络分布在大体同构的经济环境中，客户金融需求异质性弱，因此创新业务品种推广较快，这也降低了业务创新成本。从实效上看，“草根银行”的培育取得了双赢，民营企业找到了便捷的融资渠道，银行本身也在生产与金融的互动中实现了信贷资本的优质化。

二、信息不对称的浙江式破解

信息不对称是形成“麦克米伦缺口”的重要原因之一。未能掌握充分准确的民营企业信息，银行就无法实施有效的评价与监控。因此破解麦克米伦缺口的一大难关，就是如何解决信息不对称的难题。银行在审核贷款时，过去最常用的办法都是查看企业财务报表，但小企业的财务报表往往不规范，所以必须要找到另外的办法来掌握它们的信息。比如，浙江泰隆商业银行采用的则是“三品三表”工作法，客户经理不看小企业的财务报表，而是看客户的水表、电表、海关报表，从水、电用量及变化了解企业的实际生产经营状况，再调查企业主的人品、企业的产品和抵押品。这套工作方法收集信息快，手续简便，贷款流程短，而且风险较小。

三、担保方式的创新

民营企业普遍缺乏抵押品，因此破解“麦克米伦缺口”，还要解决抵押难的问题。银行给企业贷款，一般需要厂房、土地、固定资产等抵押品，避免贷款出了风险时银行血本无归。民营企业抗风险能力差，依照银行业的常规，尤其需要抵押品，但绝大多数民营企业缺少可抵押资产。浙江泰隆商业银行的破解之策是，不依赖抵押担保，把重点放在设置保证人上。实际操作中，推出多人担保方式，降低每个担保人的条件；实施辅助担保方式，防范可能产生的风险；创造性地使用道义担保方式，对贷款对象形成首先约束。2009 年，民营企业占泰隆银行贷款户数的 99.2%，无须抵押品的担保贷款占了 92.4%，不良贷款率仅为 0.7%，不但大大低于国内银行平均水平，而且也低于许多国际一流银行。应该说，这是一种可以较好地消除“麦克米伦缺口”的可持续模式。

四、利率覆盖风险破解定价难

潜在的损益不对等是“麦克米伦缺口”形成的另一重要原因。因为损益不对等，银行在为民营企业提供金融服务时，要按自身承受的风险大小来衡量收益，这就出现了贷款定价的难题。对此，浙江一些商业银行的做法是用不同的利率来覆盖风险，即实行一期一价、一户一价、一笔一价，从而一举解决了定价的难题。

客观地说，“麦克米伦缺口”的浙江式治理，还略为粗糙，因而目前谈论其长远意义还为时尚早。但不可否认的是，治理已经初见成效，浙江的“麦克米伦缺口”缩减明显。从这一点上来说，浙江式治理的借鉴意义不容低估。

第四章　会计师事务所服务银企合作

银企关系不是单纯的借贷关系，而是互利共赢的关系。从这样的角度来看待民营企业融资难问题，银行和企业作为资金供需上的甲乙双方都存在各自的问题，以至于双方没办法很好地交流沟通，最终导致融资渠道不畅通。如果银行与企业之间有个中介服务机构作为桥梁，通过中介服务机构的搭桥铺路，沟通银企交流、缓解信息不对称、建立银企互信，企业融资就变得不那么难了。会计师事务所是银企合作的桥梁，在银企之间沟通方面具有公认的优势，会计师事务所介入银企合作，给三方带来互惠互利的共赢。

第一节　会计师事务所的职能定位

会计师事务所是指依法独立承担注册会计师业务的中介服务机构，是由有一定会计专业水平、经考试取得证书的会计师组成的、受当事人委托承办有关审计、会计、咨询、融资、税务等方面业务的组织。在中国现阶段的经济体制下，会计师事务所是连接政府和企业的桥梁、所有者和经营者之间的纽带，独立于政府和企业之外、具有法定社会职能的中介服务机构。

一、社会经济活动的监督者

会计中介机构被形象地比喻为“经济警察”。1997 年，自国有企业的年终财务决算全部交由注册会计师审计后，在微观经济领域，会计师事务所的活动空间得以扩大，监督作用得到加强。三资企业、股份公司、有限责任公司、国有独资公司、上市公司的经营成果，必须经注册会计师核准后，才能在法律上生效，政府有关部门和投资人也才能据此对企业实施管理和作出决策；所有法人企业和非法人经济实体的资本金，必须经注册会计师验证核实后，工商部门才能批准其成立。在宏观经济领域，会计师事务所可按照政府的特定需要进行专项监督，如对财政收入是否按规定级次划分，是否依法征税进行检查，对近年来出现的非法集资案、经济诈骗案进行清理追索，对有关部门的预算外资金以及国家拨付的生产建设资金的使用情况进行查证核实等等。把国家对经济的宏观调控政策和措施落到实处，使注册会计师成为活跃在中国经济舞台上的一支重要的社会监督力量。

二、企业经营管理行为的评价者

注册会计师对企业进行独立审计，首先要对企业遵守制度情况进行符合性测试，并对企业的内部控制制度进行评价。一方面对企业的内控制度是否遵守一贯性原则发表意见；另一方面判断企业的财务报告是否在所有重大方面公允地反映了企业的财务状况、经营成果和资金变动情况。从而确定抽样审计的范围、样本数量和审计重点。注册会计师在这个审计阶段，实质上是对企业依据内控制度所进行的经营活动和实施管理行为的合法性进行评价裁定，从而使企业行为得到规范，并步入良性发展的道路。因此，在国际上也把注册会计师称作“经济裁判”。

三、企业财务状况和经济成果的鉴证者

注册会计师对企业财务报告进行风险评估之后，再对反映企业财务状况和经营成果的报告风险实施进一步审计程序。一方面对企业资产负债的质和量进行检查核实，从而确定企业的真正规模、实力和资信状况；另一方面，对企业收入费用的合理性、公允性进行确认，从而核准企业利润，确定其应纳税额。尤其是上市公司在发行股票时，证券管理部门依据注册会计师审核鉴证的企业资产、利润、每股收益、每股净资产等财务指标，确定是否批准其发行上市。在上市运作以后，投资人依据注册会计师审核鉴证的企业经营成果，决定投资额的增减和利润的分配。由于注册会计师审核鉴证的企业财务状况和经营成果具有法律效力，因此，在国外也会把会计师事务所称作“经济法庭”。

四、投资人权益的维护者

随着中国现代企业制度的建立，资产的所有权与经营权分离，在投资人与经营者之间形成受托的经济责任关系，资产的占有、使用和支配权转移到经营者手中，这就要求独立于二者之外的会计师事务所客观公正地评价、确认和反映经营者业绩，维护投资人的合法权益。在实践中，注册会计师对企业依法审计作出的审计结论直接影响着股东的信心，决定着股票的价格、公司的兴衰和经营者的命运。虽然会计师事务所的收入来自被审企业，由经营者决定，但它的生存与发展主要受制于能否依法执业。面对投资人与经营者、法与利的矛盾

冲突，会计中介机构往往选择客观公正地反映企业的真实情况，并根据情况出具不同意见的审计报告，做到对国家、企业和投资人负责。因此，注册会计师常常被人们称为“经济卫士”。

五、资本流动的引导者

在资本市场上，会计师事务所通过向社会披露募股公司的资产重组计划、募集资金的用途、预期收益等信息，引导股民的资本投向。在股票上市流通后，则通过公布上市公司经营业绩，引导资本的流动。在直接投资领域，会计师事务所对企业间的合资、参股、控股、购买等投资活动，通过资产评估、价值认定、财务审计加以规范和引导。在间接投资领域，银行及其他债权人则通过会计师事务所对借款人资信的评估和抵押资产价值的评定做出决策。当今会计师事务所对资本流动已从间接引导过渡到直接引导，已显示出其他中介组织不可比拟的优势。这表明会计师事务所已经突破了传统的业务，职能作用在不断扩大。同时，会计师事务所也在资本供应者和资本需要者之间充当信息中介，把资本引向优势产业，使资本的所有者最大限度地避免风险，实现资本盈利性和安全性的统一。

第二节　会计师事务所是银企合作的桥梁

目前中国注册会计师协会拥有会员突破 20 万人，会计师行业拥有注册会计师 99045 人，会计师事务所 8295 家，从业人员 30 万人，实现业务收入 563 亿元，行业综合实力显著增强。对于银企之间的融资业务来说，会计师事务所具有“三懂一保证”的优势，即懂行、懂企业、懂运作及可保证财务报表的真实和准确度，具有解决信息不对称问题的优势，在银企合作上架起了桥梁，更容易推动银企之间融资工作的开展。

一、注册会计师的“三懂一保证”

所谓“懂行”，是指注册会师计懂专业，懂银行贷款的相关知识、信息乃至动态，了解各类融资工作的优缺点。注册会计师这方面的优势可以让银行信贷人员及其他投资方的代表看到企业组织的素质和诚意，也利于强化彼此在接触过程中的信息对称，为融资过程形成一个比较适合的氛围。

所谓“懂企业”，是指注册会计师一般都比较充分地了解企业的经营特点、盈利模式、资金分配结构及需求情况，懂得如何用专业术语去解说阐释本企业的优点。这方面的优点让他们能比较准确而形象地让信贷人员及其他投资方的代表了解融资企业的战略优势和投资价值，能比较切实地向对方介绍所投入资金的前景，有利于说服对方进而推动融资成功。这方面的优点使注册会计师可以比较科学地分析确定企业的融资需求和融资选择，可推动治理层及高级管理层的融资决策，并为注册会计师监督融资成果创造了条件。

所谓“懂运作”，指的是注册会计师比企业管理层更熟悉融资方法和程序，更了解投资人或借款人提供资金的需求及流程。专业融资的注册会计师在融资谈判和运作方面可以说是通才，他们知道如何说服银行信贷部门的工作人员及其他投资方的代表信任自己及所代表的企业，知道在融资实现过程中如何顺利推进基本程序及规避管控相关风险，知道具体流程中需要提供的资料、信息及可以期待的适当结果，是融资过程顺利发展的润滑剂和助推器，甚至可以藉此完成看似不可能的融资项目。

所谓“保证财务报表的真实性和准确度”，指的是注册会计师可以在和对方接触过程中运用自己的专业素养向对方解释相关财务报表的真实性、可信性及其公司真实的财务运行状况，可消除或者减弱信贷人员及其他投资方对融资方的信用、财务及发展能力的怀疑。

二、解决信息不对称问题

在金融市场上，货币资金需求方与货币资金供给方所掌握的信息资源往往是不同的，前者要远大于后者。企业对自身的经营状况、财务状况、产品市场份额及其信贷资金的配置风险等真实情况都有充分的认识，而银行则较难获得这方面的真实信息，他们之间的信息是不对称的。这种资金供求双方对信息占有的不对称性质导致了两种后果：

1. 逆向选择

逆向选择是发生在交易之前的信息不对称问题。在金融市场上，这是指贷款风险往往来自于最为积极的，也最有可能获得贷款的借款者，因为他们知道自己很有可能无法偿还这笔贷款，因此最希望得到它。逆向选择导致的后果是：潜在的贷款风险使贷款者不发放任何贷款，这在很大程度上阻止了银企的融资业务。诺贝尔经济学奖获得者乔治·阿克劳夫曾在其论文中形象地阐释了逆向选择的问题。在旧车市场上，卖主对自己车的状况了如指掌，而买主常常无法谁确判断车的质量。因此，买主只愿意支付平均的价格来确保自己的利益不会受损。这样一来，拥有好车的车主自然不愿意以被低估的价格出售汽车，而买主也不愿意购买次品车，导致的结果是：旧车市场的运行效率十分低下。类似的结论也适用于银企之间的融资业务：与旧车市场类似，资金的供给方不愿意以民营企业所要求的条件提供资金。

2. 道德风险

与逆向选择对应，道德风险指的是发生在交易之后的信息不对称问题。在这里，借款人违背银行的意愿，从事高风险的投资活动，银行很有可能意识到这一点，决定不发放贷款，这也造成了融资的效率低下。要解决道德风险问题，关键在于加强对借款人行为的监管。但这面临着一个问题，这就是监督会带来高昂的时间和货币成本，如果监督不到位，就会产生严重的道德风险问题，最终将同样导致银企之间融资业务受阻。

会计师事务所具有解决银企之间信息不对称问题的优势。会计师事务所为银企双方提供中介服务，不仅能够专业地甄别企业、项目的好坏，全面客观地了解企业的财务状况、现金来往及管理层对未来经营的判断，搜集企业全方位信息，为银行决策提供依据，解决逆向选择问题。而且会计师事务所也会有足够的动机监督贷款（尤其是大额贷款）的实施情况，避免贷款无法偿还。从企业来讲，为了维持与银行和会计师事务所长期的合作，它们也会努力减少冒险的动机，解决道德风险问题。

三、银行、企业、注册会计师三者是合作共赢关系

从一定意义上讲，合作就是为了达到共同的目标而结成的利益共同体，把握合作的共同目标才能达到互惠互利。就银行、企业、注册会计师三者来说：银行是企业融资的主要渠道，在社会融资和民间筹资机制不健全的情况下，企业融资的主渠道仍然是银行，投资拉动型经济，发展离不开大量资金的投入；企业是银行赢利的主要来源之一，企业资金周转周期短，产生的利润可观，银行实现以钱生钱，把钱贷给有发展前景的企业是最好的投资方式；注册会计师介入银企合作，发挥桥梁和纽带作用，搭建信息交流平台，有效地化解了银企信息不对称的矛盾，为金融机构提供真实可靠的资金需求信息，找准了银企合作的切入点，建立起银企互信，促成银企之间达成契约，为企业融通发展资金。同时，注册会计师独立于银行和企业之外的中介身份被形象地比喻为“经济警察”，既有利于拓宽企业的融资渠道，完善多层次的资本市场体系，规范企业经营活动，还在保护银行债权、防止逃废银行债务、处置抵贷资产、

合法有序进行破产清算等方面，营造了有利于向民营企业开展信贷投放的环境。总之，注册会计师、银行、企业三者的合作，带给三方的是互惠互利的共赢。

第三节　会计师事务所能为企业融资做些什么

一、提供财务咨询

财务咨询服务业务，是会计师事务所凭借其知识和经验优势向企业提供的最重要的智力服务。财务咨询突显管理的中心地位，把财务管理同企业目标管理结合起来，充分发挥财务的计划、预测、预算、监督、控制、分配的综合职能，以企业战略为引领、财务战略为保障，处理好财务战略与公司战略的协同关系，做好风险预警和管理。财务咨询服务是满足企业财务及战略运营管理需要的一种综合性服务，这种综合性咨询服务走的是外部融资管理及内部财务管理两条线，外部融资管理主要是针对银行贷款企业而言的，内部财务管理主要是针对企业成本管理及成本体系构建而言的。除此之外，会计师事务所还能为企业设计财务制度，担任财务顾问，提供财务管理咨询；代理纳税申报，提供税务咨询；代理申请工商登记，拟订合同、章程和其他业务文件办理投资评估、资产评估和项目可行性研究中的有关业务；培训会计、审计和管理人员等。

二、出具资信报告

银行无论是发放信用贷款、抵押贷款还是担保贷款，都涉及对贷款企业或担保单位的资信审查问题。对贷款企业或担保单位资信审查，主要是考核其财务状况和财务实力如何。审查的依据除考虑被贷款企业的可行性研究报告，以前贷款的偿还情况外，主要是看被贷款企业提供的会计报表。按照《企业会计准则》的规定，企业的财务报表应具有真实性和客观性，但是有的贷款企业出于自身利益的考虑，为达到取得贷款的目的，往往通过调整财务报表中相关数据的方法来骗取银行的信用。如当企业的资产负债率较高时，企业通过调整所有者权益中未分配利润等项目以加大资产，相应的减少资产负债率。企业的资产状况、偿债能力是决定能否贷款的前提条件，被贷款企业如果其提供的报表不真实，就会导致贷款决策失误。而会计师事务所凭借自身的业务优势以及独立、客观、公证的原则，通过对财务报表有关数据真实性的审计验证，能为企业和银行提供一个真实的财务报表，并出具资信报告，为金融机构是否贷款提供依据，从而减少贷款决策的失误，减低贷款风险。

三、改善贷款管理

要保证贷款的按期偿还并取得预期的收益，必须加强对被贷款企业的管理。对被贷款企业的管理，不能等到贷款快到期时再去催收贷款，而应注重贷款前的事前管理及贷款后的事中管理。事前的管理就是要加强对贷款项目的可行性研究。一般来说，企业为取得贷款，其提供给银行的可行性研究报告往往含有主观因素，会计师事务所通过对贷款企业提供的可行性研究报告的分析，通过计算投资回收期、净现值、内含报酬率等指标，以及对被贷款企业产品市场占有率、企业竞争能力的调查分析，可为银行提供一个比较客观的符合实际的项目可行性研究报告。银行可以根据会计师事务所提供的可行性研究报告作出是否贷款的选择，使贷款的风险在贷款前就避免；当贷款项目发生后，银行要增加贷款回收前管理，这样银行应随时了解被贷款企业的经营状况。在我国，银行与会计师事务所之间的业务联系相对较小，如果两者之间建立起一定的联系，对加强贷款管理是十分有益的。银行在贷款业务发生后，可以要求被贷款企业定期将财务报表提交银行委托的会计师事务所，由会计师事务的通过对报表有关资料分析研究，然后将分析报告提交给银行。这样，银行可以最低限度的减少贷款风险，否则等到贷款到期前再去催款，一旦贷款企业经营状况不好，就会给银行带来难以弥补的经济损失。

四、帮助企业上市

企业上市信息披露最重要的就是招股说明书，注册会计师作为资本运作专家，正是企业上市过程中的必要参与者。在服务资本市场发展方面，注册会计师为上市公司提供一个“生命周期”的会计专业服务。这些服务包括：在孕育孵化期，对行业情况、企业基本情况、财务情况及内控设计的科学性、合理性进行调查和评价；在上市申请期，进行改制审计、变更验资，并对企业进行上市培育，按照上市操作规则、程序，引导企业提高管理水平，夯实上市基础；在申报核准期，出具审计报告及专项审核报告，就招股说明书中有关财务内容提出建议，并提供其他咨询服务。在企业上市以后，注册会计师还可提供非审计鉴证业务，帮助民营企业缓解融资困难。比如：协助建立健全财务会计制度；重构组织架构和业务流程；完善内控制度，改进内控方法；提供管理咨询、税务代理、财务总监外包、会计服务外包等综合性服务；根据企业发展阶段提出融资建议，从战略管理、财务风险管理等角度量身定制多重融资方案，运用融资工具为企业实现资源与资本的整合。近年来，中国注册会计师协会积极推进行业为民营企业提供有效的上市融资服务。一是积极宣传和引导会计师事务所深化对服务民营企业发展重要意义的认识，对注册会计师服务民营企业上市融资进行业务培训，为民营企业提供周到的专业服务；二是发布《注册会计师业务指导目录》，把融资决策咨询作为会计师事务所的重要项目；三是协调政府部门出台对会计师事务所从事民营企业融资上市业务的鼓励和扶持政策；四是规范和发展中小会计师事务所，发挥其经营成本低、专业特色突出、服务角色灵活的优势，满足民营企业上市融资及其他服务需求；五是协调各级政府部门、行业商会等联合举办见面会、洽谈会和推介会，构建民营企业融资与会计服务等多方合作平台。

第四节　提升会计师事务所服务金融业的能力

注册会计师行业作为专业服务业的重要组成部分，是支持和促进金融体系健康发展的重要力量。2013 年中国注册会计师协会印发了《关于提升注册会计师行业服务金融业发展能力的若干意见》，提出了加快提升注册会计师行业服务金融业发展的能力和水平的要求。

一、服务金融业务主要目标

以提升行业服务金融业发展的能力为核心，实现行业做强做大；以承接各类金融业务为关键，拓展高端业务；以服务金融业国际化发展为依托，推动行业“走出去”；以加强金融业务高端人才团队建设为重点，加快行业人才队伍培养。

主要目标是：用 3 年左右时间，实现会计师事务所对中小型金融机构各类服务需求的全覆盖；用 5 年左右时间，提升行业对股份制商业银行、政策性银行、保险集团及股份公司，以及其他较大规模金融机构的服务能力和业务覆盖面；用 10 年左右的时间，在服务类别、服务领域和服务质量上，充分满足国有控股商业银行、政策性银行及全国性保险公司等大型金融机构集团化、国际化发展的综合服务需求，培育形成一批能够支持服务我国金融业发展壮大和国际化发展的大型事务所。

二、培养金融业务人才队伍

针对金融业务团队作业程度高、要求高的特点，对特需金融业务合伙人、风险和质量控制人员、项目经理和一般审计人员等，建立梯次人才“团队化”的培养体系。中注协重点开展行业领军人才培养工程和青年才俊培养工程，改进和完善行业知识结构，把金融知识与实务纳入行业继续教育的课程体系；在做好金融知识普及培训的同时，针对金融业务特点，加强特定金融专题的研修培训；事务所要依据自身金融业务发展的定位，高度重视金融业务人才的培养工作，储备、培养、引进相结合，包括从金融机构引进高端人才，为拓展金融业务奠定坚实的人才基础。要积极推荐和支持业务骨干参与行业金融审计方向领军人才、行业金融审计方向青年才俊培养项目，并注重发挥其对事务所金融人才培养和金融业务团队建设的反哺和带动作用。有条件的事务所要以组建实战型金融业务团队为目标，科学设定金融业务团队的人才梯次结构，在整合事务所金融业务人才资源的同时，加大信息系统审计、风险管理与内部控制、新资本协议、资金交易、资产估价、资产管理及保险精算等领域金融专业人才的培养和引进。

三、加快金融业务网络建设

1. 强化境内执业网络管理

事务所要在合理布局境内分支机构的基础上，着力实现总部与分支机构在人事、财务、业务、技术标准和信息等方面的“一体化”管理，充分整合各分支机构的金融客户、人才、团队和技术平台等金融业务资源，加快提升在境内市场的金融资源整合能力和业务承接能力。

2. 加快境外执业网络布局

有条件的事务所要重视跟随金融客户走出去布局，有重点、有目的地发展和布局境外分支机构。要参照大型金融机构境外“一级机构”布局，着力发展培育能够承担和辐射带动主要经济区、主要国家和地区金融业务的境外分支机构，提高对走出去金融机构服务网络的覆盖水平。

3. 提升国际网络协同能力

事务所发展境外分支机构时，要着重考察境外分支机构服务当地金融机构的能力与资质条件，对金融业务进行重点攻关和协调，大力整合国际网络中的金融服务人才、业务和技术支持平台等相关资源，提升拓展承接金融业务的国际视野、专门知识、执业技能与实务经验，以及跨境金融业务的驾驭能力。

四、加快金融业务专业建设

1. 中注协组织制定金融业务技术指南

针对各领域不同的专业技术特点和金融业主管（监管）部门重点关注领域以及事务所重点拓展的金融业务领域，借鉴金融业发达国家的相关专业技术规范标准，组织制定金融业务审计技术指南。积极吸收金融业务事务所实务专家参与指南制定。

2. 中注协组建金融业务专家支持团队

组建金融业务专家支持团队，对事务所承办金融业务的程序、方法、规范等，提供具体的技术指导和咨询。支持事务所在金融机构风险管理与内部控制、新资本协议、资产估值、资金交易等高端领域开展执业技术规程研究。

3. 事务所要加强金融机构鉴证服务的专业建设

重点加强金融机构的财务报告和内部控制审计服务、多点上市审计与集团审计服务、中期财务报告审阅服务以及信息系统审计服务、企业社会责任报告鉴证服务等其他鉴证业务的专业建设。

4. 事务所要加强金融机构咨询服务的专业建设

事务所在提升金融业鉴证服务能力的同时，要加强金融业咨询服务专业建设。针对大型金融机构国际化发展所关注的重点领域，在金融行业风险管理、新资本协议、资产估值、金融产品创新、资金交易、内部控制改进建议书、新资本协议资本充足率计算工作技术支持、社会责任报告信息和经验支持、投资者关系管理服务及执行商定程序服务等方面持续跟进，保持专业胜任和服务能力。

五、加快金融业务品牌建设

1. 提高诚信力和质量控制水平

事务所要保持良好的职业声誉、商业信誉、质量控制和健全的内部管理制度，保守客户商业秘密和专有信息，维护国家金融信息安全，防止与同业竞争相关的利益冲突，建立健全内部质量控制机制和风险管理防火墙隔离机制。

2. 积极参与国际权威机构的排名

事务所要高度重视品牌建设与塑造，制定品牌战略、规划与实施方案，积极参与国际权威机构组织的排名活动，利用国际排名机制推广品牌，稳步提升在主要经济体和资本市场的竞争力与认可度。

3. 编发分享金融业研究报告

事务所要投入和组织研究力量，针对金融行业热点焦点问题和客户需要，编发分享金融业务研究报告，不断扩大在金融机构客户群体中的金融专业知名度与影响力。

4. 注重提升金融业务投标工作的品牌形象

事务所要重视投标各环节工作，在方案制订、标书制作、团队述标和报价收费等方面提升专业化水平，树立良好的品牌形象。有效提升项目总体方案、分支机构审计方案、金融业务审计方案、过渡衔接方案、项目质量控制及沟通机制方案等金融业务服务工作方案的制作水平；着力提升投标书形式的规范性、内容的针对性和可操作性；重视提升述标团队的层级规模、响应能力和职业素养；科学提升报价的合理性和收费的合规性。

六、加快金融服务平台建设

1. 中注协建立行业金融业务智库信息平台

中注协通过采购方式建立完善金融业务相关的行业经济数据库和法律法规库，为承接金融业务的事务所提供专门化知识服务。

2. 中注协建立行业金融业务拓展交流平台

中注协建立与金融业主管（监管）部门的联系机制，定期发送行业综合评价排名、事务所境内外网络布局、行业走出去等信息和资料。组织金融业务论坛、研讨会、专题讲座和课题研究，推进研究成果和服务经验的交流分享。

3. 事务所建立金融业务信息化操作平台

相关事务所要加大金融机构信息系统审计、审计作业软件等方面的投入，加快提升金融业务的技术手段、管理方式等的信息化水平，加强金融业务的信息基础设施建设和应用软件的功能完善。

4. 事务所建立金融业务研究支持平台

相关事务所要成立金融业务的研究部门、研究中心或技术支持中心等，加大研究的人力、资金、技术等各种资源投入，为事务所承接金融业务提供强有力的专业后台支持。

七、拓展金融业务新领域

要以培养服务金融业优势突出的大型事务所为导向，立足巩固扩展中小型银行、城市及农村商业银行、信用社，以及中小型非银行金融机构的服务需求，支持和引导中小型金融机构服务市场不断提高集中度；以加快人力资源和经验的积累，尽快形成服务金融业发展优势突出的品牌事务所为目标，积极拓展金融业务新领域。积极拓展国家金融发展战略规划、金融体制改革、区域金融改革、金融服务创新、金融产品创新、金融发展模式创新等项目的咨询服务；积极拓展民间金融机构培育发展、业务创新及其金融链条安全和信贷风险控制等服务项目；积极拓展证券、期货、基金、债券、投资、信托、担保、租赁、票据、理财、典当、拍卖、私募、产权交易、碳排放交易、金融中介等非银行金融机构的业务及其涉外金融业务。

八、行业提升与金融业发展双赢

中注协要积极加强对事务所金融业务能力提升的工作协调，不断深化研究和推动实施服务金融业发展的战略与政策措施，加快形成多种措施的合力效应。相关事务所要以服务金融业发展战略为核心、以支持金融业发展的人才培养为重点、以覆盖金融机构要求的境内外执业网络建设为依托，苦练内功，寻求突破，进一步提升金融业务从业人员和高端人才的数量和素质，进一步提升境内外网络布局、内部治理、风险控制水平和国际协同能力，进一步提升金融机构审计鉴证和高端增值业务的服务能力和执业质量，进一步提升金融业务事务所的品牌塑造力和认可度，实现稳步拓展与转型突破的有机结合，实现事务所做强做大新跨越与国家金融业发展的有益互动。

第二篇 方法篇

古语云："工欲善其事，必先利其器"。民营企业在通过申请银行贷款解决生产经营资金缺口前，对银行能够为自己提供哪些种类的贷款、每一种类贷款申请的条件、贷款办理的基本程序和条件等有所了解，是成功获得贷款的基础。为了在自身成长和发展过程中持续获得来自银行的资金支持，企业不仅要换位思考，了解银行"惜贷"背后的隐情，而且要诚实守信，维护好自己的信用。

民营企业只有对这些基本信息有所了解，才能在贷款需求出现时，做到心中有数，在借助会计师事务所等外力帮助时，也才能更好地沟通。否则，即便有再强大的外援、再先进的理念，贷款难题的破解一样会难于登天。

第五章　银行面向民营企业的金融产品

银行面向民营企业市场推出了许多金融产品，在这些金融产品中，既有能够直接给企业提供资金支持的金融产品，也有能给企业提供综合服务的金融产品。按照类型，银行面向民营企业的金融产品可以划分为信用贷款类、担保贷款类、票据贴现类、融资类和服务类等五大类产品。

第一节　信用贷款类金融产品

人无信则不立，业无信则不兴。诚信为人立身之本，信用对企业的发展来说同样重要，良好的商业信用能让企业的合作伙伴对自己与企业之间的交易更放心，在缺乏抵押物的时候，企业还可以利用其良好的银行信用评级获得信用贷款，可以这么说，良好的信用是企业最大的财富。

信用贷款指的是银行以借款人的信誉为保证向企业发放的贷款，其特征是债务人不需要提供抵押品或者第三方担保，仅凭自己的信誉就能取得贷款并以借款人在银行的信用程度作为还款保证。

就实际情况来看，不同银行面向民营企业发放信用贷款的要求存在细节方面的不同，但也有一些相同的标准，比如对申请贷款的企业客户在银行的信用等级要求较高；申请企业的经营核算利润具有持续稳定的增长；资产负债率控制在60%的良好值范围之内，现金流量充足、稳定；申请企业的经营管理是规范而有效的，不存在逃税漏税、欠息等不良信用记录等。

一、银行无抵押贷款

当商业银行与企业进行一定时期的业务交流之后，如果银行对企业的经营状况以及盈利能力有了一定程度的了解并看好企业的发展，同时企业又具有相对较高的信用评级的话，银行有可能会对企业开放一些无抵押贷款，顾名思义，这种贷款无需企业向银行提交抵押物的相关资料，只是凭借着企业客户的良好信誉以及银行对企业经济利润的未来预期作为还款保证。

无抵押贷款对于一些刚刚发展起来，属于初创期而又缺乏抵押物的民营企业具有很大的帮助。

例：中国建设银行的“信用贷”

【产品介绍】小微企业“信用贷”一般业务，是建设银行在综合评价企业及企业主信用的基础上，对资信好的小型微型企业发放小额的、用于短期生产经营周转的人民币信用贷款业务。

【适用对象】建设银行私人银行客户；专业市场（综合市场）、核心大企业上下游、工业园区中信誉良好的小微企业；在建设银行有持续稳定结算业务的小微企业；能够获得政府鼓励扶持或贷款贴息、有发展潜力的初创期小微企业。

【贷款额度】一般客户单户贷款金额不超过200万元；企业主为私人银行客户的，最高不超过1 000万元。

【贷款期限】贷款期限最长为9个月（含）。

【担保条件】无需担保，纯信用贷款。

【产品特点】纯信用贷款。

二、企业联户联保

俗话说：“一个篱笆三个桩，一个好汉三个帮。”民营企业想要顺利得到商业银行无抵押贷款的额度有时候也不是一件容易的事，这时可以联合一下有相同意向又具有良好信誉的友好企业，共同申请另外一种信用贷款产品，也就是“企业联户联保贷款”。

企业联户联保贷款指的是处于同一商业圈，如同一专业市场、协会、商会、写字楼、企业家俱乐部的几家具有贷款意向的私营企业，共同合作组成联保小组，互相为小组内成员企业提供担保，向商业银行申请贷款。

对于商业银行来说，若是申请联户联保贷款的企业客户条件特别好的话，根据具体情况也可以不受同一商业圈的限制，商业银行对于申请联户联保贷款的联保小组成员的数量的要求虽然各有不同，但至少是由3户及以上的民营企业组成，无论这几家企业是否处于同一商业圈。

申请联户联保贷款具有一定的风险，如小组其他成员企业无力还款的情况发生的话，会影响到本企业今后与银行的业务往来，因此联保小组成员企业间最好是互相了解且具有长期稳定的合作关系，这样的话出现风险的可能性会小得多。

例：中国平安银行的“联保贷款”业务

【产品概念】联保贷款是指 3—5 家企业形成互助互信的联合体，联合提出流动资金贷款申请，平安银行根据每个企业实力，以及企业联合体的整体情况，授予每个企业相等或不等的流动资金贷款额度，支持企业经营发展。

【产品功能、优势及定价】联合体企业需要互保，不需额外抵质押，省钱省时间；单户最高贷款额可达人民币 1 000 万元，整体最高贷款额 5 000 万元；各借款人需要提供保证金，按照贷款金额的一定比例缴存；贷款期限不超过一年，币种仅限人民币；利率不低于平安银行基准利率。

【业务流程】首先，组团。申请人成员根据自身的资金需要，联合 3—5 家企业组成联合体；第二，申请。联合体成员向平安银行民营企业专业团队/支行提交贷款申请，申请资料参照平安银行流动资金贷款资料提交；第三，审批。平安银行迅速完成贷款调查及审查工作；第四，签约。签订联保贷款合同、保证合同、缴纳保证金；第五，用款。平安银行及时放款到企业账上；第六，履约。借款人按合同约定做好财务管理。

第二节　担保贷款类金融产品

一直以来，担保贷款业务在商业银行所有的贷款类产品中处于绝对的主流地位，相对信用贷款类金融产品，商业银行面向企业提供的担保贷款类产品品种更为丰富，毕竟有担保的贷款比只凭信誉的贷款更能保证资金的收回，坏账发生的风险也更小。

担保贷款指的是由借款人或第三方依法向贷款银行提供担保从而取得的贷款。按照担保方式的不同可以将担保贷款的种类大致分为保证贷款、抵押贷款以及质押贷款等。

一、保证贷款

保证贷款指的是贷款人按《担保法》规定的保证方式以第三人承诺在借款人不能偿还贷款本息时，按约定承担一般保证责任或者连带保证责任而发放的贷款。

不同的商业银行对申请保证贷款的民营企业的放贷条件各有差异，但也存在一些共同点，首先企业客户必须经工商行政管理部门核准注册，各项手续齐全且具有良好的生产效益；其次具有较高的信用评级，能够按时还款；再次资产负债率需要处于银行要求范围之内且各项财务指标正常；最后申请中长期贷款的项目必须经国家主管部门批准，新建项目的企业法人所有者权益与项目总投资的比例不低于国家规定的投资项目资本金比例。

例 1：中国招商银行的“一般担保贷”业务

【产品介绍】指借款人以招商银行认可的第三方保证人提供连带责任担保，用于满足日常经营以及扩大生产规模的资金需求，向招商银行申请的贷款业务。

【适用对象】适用于缺乏有效抵押担保，但有良好的业务合作伙伴或有担保能力的企业愿意为其提供第三方连带责任担保的小企业客户群体。

【担保企业准入标准】（1）保证企业经营在两个会计年度以上；（2）保证人在招商银行内部信用等级 6C 级（含）以上；（3）保证人及实际控制人信誉良好，无不良信用记录，无赌博等不良嗜好，不存在银行不良贷款、欠息；（4）保证人主营业务具有良好成长性，无持续性经营亏损和经营性净现金流量持续为负且逐年下滑；（5）保证企业属小企业的，原则上只能为招行的一户授信企业提供保证担保，且自身借款和对外担保合计一般不得超过企业净资产的 2 倍，对超过担保限制的情况要严格控制。

例 2：中国民生银行的“担保公司担保贷款”业务

【产品特色】申请便捷。专业担保机构可以提供全程连带担保责任，客户可以完全无需提供房产抵押。客户在选择房产抵押时，可以通过担保公司做第二顺位抵押，最高抵押率可以超过 100%；在转按揭业务中，阶段性赎楼担保可以帮助客户盘活资产，增加融资额。

【适用客户】符合专业担保公司准入条件的商圈、产业链客户群体。

【借款人基本条件】在本行业从业 5 年以上，企业成立 3 年以上，家庭净资产不低于 50 万元。

【申办流程】贷前调查—贷款报批—签订保证合同—贷后管理。

【资料清单】（1）个人资料：有效的身份证、户口本、婚姻证明、资产证明；（2）用款企业资料：有效的营业执照、组织机构代码证、税务登记证、公司章程、近期公司账户对账单（个人账户对账单）、主要交易合同、财务报表等；（3）担保资料：担保公司需出具担保承诺函。

该类产品不同商业银行都有推出过，除了以上两种，还有中国农业银行的“担保承诺”业务和中国交通银行的“展业通民营企业信用贷款”等。

二、抵押贷款

抵押贷款，我国自古有之，我们经常能在古装电影电视剧中看到当铺与银庄，尤其是当铺，有东西作抵押，当铺就能借钱给你，等你有钱了就能赎回来，这和银行的抵押贷款何其相似，难怪有人说典当业不仅是现代金融业的鼻祖，更是抵押银行的前身。

不动产抵押贷款，是指企业将其不动产抵押给银行作为担保以获得贷款的方式，可以作为抵押的不动产一般是指企业所有的房产或者土地使用权等。

例 1：中国民生银行的“房产抵押贷款”

【产品特色】(1) 融资速度较快。此产品属于低风险产品，在民生银行具有标准化的审批流程，审批速度较快，节约时间。(2) 申请资料简明，调查与审批程序简化高效。(3) 授信要素便利，根据客户的自身情况，度身打造适合的还款计划。(4) 抵押物范围广泛。可以接受不同种类的不动产作为抵押物。(5) 抵押率灵活。略高于银行同业，可与多种授信产品搭配。

【适用客户】适用于所有符合借款人基本条件并可以提供房产抵押的客户。

【借款人基本条件】(1) 具有三年以上行业经验，经营企业二年以上，经营范围合法合规；(2) 借款人家庭实物净资产不低于 50 万元。主营业务清晰，无不良信用记录。

【申办流程】贷前调查—贷款报批—办理抵押—发放贷款—贷后管理。

【需提供的资料清单】(1) 个人资料：有效的身份证、户口本、婚姻证明、资产证明等。(2) 用款企业资料：有效的营业执照、组织机构代码证、税务登记证、公司章程、近期公司账户对账单（个人账户对账单）、主要交易合同、财务报表等。(3) 抵押物资料：房产证、土地证等。

例 2：中国光大银行的“抵押融易贷”业务

【产品介绍】是授信申请人以光大银行认可的不动产作抵押或最高额抵押，向光大银行申请具有合法用途的单笔贷款或授信额度，用于满足民营企业中长期、稳定授信需求的一种融资模式。

【适用对象】拥有不动产抵押，并有稳定融资需求的民营企业。

【服务特点】该产品具备抵押率高、授信期限长、费用低等优势，具有流程简便、放款速度快等特点，能够让民营企业的融资需求得到最大限度的满足。

除了以上两种，该类贷款还有上海浦发银行的“标准化房地产抵押类授信业务”以及中国工商银行的“财智融通房产物业贷”等。

三、动产质押贷款

质押贷款也是民营企业获得银行贷款的重要形式，是企业在不具备信用贷款优势条件下的重要补充。质押是指债务人或者第三人将其动产（或财产权利）移交债权人占有，将该动产（或财产权利）作为债权的担保。可用于担保的质押物有许多，可以是存货、车辆等动产，也可以是汇票、本票等各类票据以及债券和股票之类的有价证券，还可以是专利权等合法权利。

所有动产质押贷款中，最为常见的是应收账款、存货以及无形资产的质押，其中又以应收账款质押为主。

1. 应收账款质押融资业务

应收账款在收回之前对企业来说并不如现金或者银行存款等流动资产的用处大，甚至还存在收不回来就会成为坏账的风险，但是通过应收账款质押融资业务，企业将应收账款抵押给银行并取得贷款就能够盘活这部分的资金。

例 1：中国农业银行的“账贷通”业务

【产品简介】账贷通是指农业银行以小微企业提供的应收账款为基础，根据其质押担保价值，直接为客户办理短期流动资金贷款等表内外融资业务的信贷产品。

【产品功能】主要解决小微企业以应收账款为基础进行融资的业务需要。

【服务对象】与大中型企业合作关系紧密的小型或微型供货商。

【特色优势】(1) 加速资金周转。盘活客户持有的应收账款，提前回笼资金，缓解资金压力，加速企业资金周转；(2) 担保方式简单。根据客户的应收账款办理融资业务，无需向银行提供其他担保；(3) 业务办理便捷。按照应收账款的质押价值核定贷款额度，业务办理便捷，放款迅速。

例 2：中国建设银行的“影视贷”业务

【产品介绍】“影视贷”业务是指电视剧制作企业将其与电视台订立的《电视剧播放许可合同》所产生的应收账款作为质押，并追加相应版权质押、电视剧项目投资方控股股东或实际控制人承担连带保证责任等担保措施，向建设银行申请贷款的业务。

【适用对象】经国家工商行政管理机关核准登记的小企业客户，主营业务应包含电视剧拍摄制作。

【贷款期限】不超过一年。

【担保条件】与电视台订立的《电视剧播放许可合同》所产生的应收账款作为质押。

【产品特点】面向电视剧制作小企业，支持影视文化产业发展。

除了以上两种，相似的产品还有交通银行“展业通文化创意产业版权担保贷款”等。

2. 存货质押融资

存货质押融资，也就是指企业通过将存货作为质物移转给银行以获得贷款的融资方式。

例：中国工商银行的“商品融资”业务

【业务简述】小企业商品融资是以小企业借款人合法拥有的储备物、存货或交易应收的商品价值进行质押，由工商银行提供的结构性短期融资业务。

【适用对象】商品融资业务适用于销售渠道通畅，原材料、产成品或主营货物为大宗原材料的客户。

【特色优势】(1) 盘活存货，帮助客户在保持正常生产经营所需库存的同时获取银行资金支持，有效缓解客户流动资金被存货占压的问题；(2) 较低的准入条件，生产经营正常，无重大贸易纠纷及不良信用记录的客户均可获得融资支持；(3) 灵活的质押监管方式，可采用动态质押或静态质押。采取动态质押的，可自由存储或提取超出银行规定的最低要求的部分质物，更利于客户生产销售；(4) 较高的融资比例，最高可提供相当于核定商品价值的90%的融资。

【申请条件】(1) 经工商行政管理部门核准登记，并持有中国人民银行核发的贷款卡（人民银行不要求的除外），并办理年检手续；(2) 在工行开立基本结算账户或一般结算账户。生产经营正常，购销渠道通畅，无拖欠货款及其他不良记录，未发生重大贸易纠纷；(3) 以质押商品为主要原材料或主营货物，对质押商品具有丰富的管理经验；(4) 对质押商品享有合法、完整的所有权，不存在权属、货款、税收等方面纠纷和争议；(5) 质押商品为具有通用性，物理、化学性能稳定，便于分割计量，有公开、透明、相对稳定的市场价格的大宗原材料。

除此之外，还有深圳发展银行的“现货静态质押”和“现货动态质押”等。

3. 无形资产质押贷款

有些民营企业所拥有的房产等有形资产可能不是很多，但是却拥有一些专利权等无形资产，比如一些IT专业的高校毕业生设计了一些能够被市场所认可的软件并凭此注册创立了自己的公司，针对这部分高新技术企业缺乏抵押物的情况，一些商业银行推出了无形资产作抵押的金融产品，可作抵押的无形资产涵盖了专利权、商标权与著作权等。

例：中国农业银行的“知识产权质押贷款”业务

【产品定义】知识产权质押贷款是指借款人以其自有、第三方所有或与第三方共有的符合农行要求的知识产权提供质押担保，农行向其发放的用于满足借款人正常生产经营过程中周转性流动资金需要的人民币流动资金贷款，是农行专门为民营企业客户设计的短期融资产品。

【产品特点】该产品以拥有自主知识产权的科技成长型民营企业客户为主要服务对象，改变传统的抵（质）押担保方式，创新推出知识产权质押担保，有助于推动自主知识产权产业化发展，激励企业科技创新和知识产权创造，促进企业将知识产权转化为资本产权，最终有效缓解民营企业融资难、担保难的问题。

【办理指引】（1）借款人提出书面申请。（2）提供企业基础资料及以下资料：第一是商标注册证、专利证书、国家知识产权局出具的近期的专利登记簿副本、专利授权公告文本或商标注册公告文本等证明知识产权权属关系、效力状况及使用情况的证书或文件；第二是质押权利为实用新型专利的，须提交国家知识产权局出具的新颖性检索报告；第三是合法、有效的出质人同意质押的书面声明或承诺；第四是农业银行要求的其他资料。（3）农业银行调查评估和贷款审批。（4）签订《借款合同》和《权利质押合同》等法律文本。（5）办理知识产权质押登记手续。（6）农业银行发放贷款。

除此之外，还有交通银行的“展业通商标权与专利权担保贷款”等。

第三节　票据贴现类金融产品

票据贴现指的是企业在需要资金时，将手中未到期的票据所有权转让给银行以此得到现款的行为，相比银行贷款，票据贴现的特点就是简单而直接。与前文提到的票据质押贷款不同的是，作为质押的票据所有权仍然属于企业，到期需要赎回，而票据贴现时票据的所有权已经由企业转移给了银行，票据质押形式下银行的放款额度一般只有票据面值的60～80%，而票据贴现一般只需要支付一定的贴现利息。

一、商业汇票贴现

例：中国交通银行的“商业汇票贴现”业务

【定义】商业汇票贴现是指商业汇票（包括银行承兑汇票、商业承兑汇票）的合法持有人在汇票到期日前，为了取得资金而将票据转让给交行的票据行为。

【期限及利率】(1) 贴现期限从贴现之日起至汇票到期日止（到期日遇假日顺延，但应加计计息天数）。(2) 贴现利率依照人民银行颁布的有关利率执行。

【申办条件】(1) 满足交行流动资金贷款的基本条件；(2) 申请人与出票人或其前手之间有真实合法的商品交易；(3) 贴现资金用于企业正常周转之用。

【申办程序】(1) 提供交行流动资金贷款要求的有关材料；(2) 提供贴现申请人与前手签定的商品销售合同、增值税发票；(3) 领取并填妥一式二份《承兑汇票贴现申请书》，加盖企业公章和法人代表章；(4) 填妥一式五联《贴现凭证》，并在第一联加盖企业预留银行印鉴；(5) 提交未到期的商业汇票，(商业承兑汇票必须是第二联；银行承兑汇票必须是第二、第三联)，并已作成转让背书；(6) 交行审批同意贴现后，与贴现申请人签定贴现合同、保证合同或抵（质）押合同等合同文件。

二、银行汇票贴现

例：北京银行的“银行承兑票据贴现”业务

【业务简介】银行承兑汇票贴现是指银行承兑汇票的持票人，在汇票到期日之前，为了取得资金而将票据转让给北京银行的票据行为。

【适用对象】针对流动资金需求。北京银行办理贴现的票据仅限于国有商业银行县、市支行、全国性商业银行支行承兑的银行承兑汇票或经总部认可的其他商业银行分行承兑的银行承兑汇票。

【业务特点】(1) 可对持票人授信，也可对出票人授信；(2) 手续简便；(3) 利率灵活。

【办理条件】(1) 在北京银行开立存款账户的法人以及其他经济组织；

(2) 贴现申请人具有良好的信誉和还款能力；(3) 与出票人或者直接前手之间具有真实、合法的商品交易关系，并提供与其直接前手之间的商品交易合同、增值税发票和商品发运单据及复印件。

三、赎回式票据贴现

与一般的买断式贴现将全部权利转让给银行不同，赎回式贴现允许企业在赎回发生日利用票款将票据赎回。

例：中国工商银行的“商业汇票赎回式贴现业务”

【业务简述】商业汇票赎回式贴现业务，指赎回方（贴现申请人）将其合法持有的未到期商业汇票以贴付利息的形式售与工行票据营业部和各受理网点，工行票据营业部和各受理网点承诺赎回方在约定条件下赎回其所供票据的权利。赎回发生日，工行票据营业部和各受理网点足额收妥票款后，将票据如数返还赎回方的一种交易行为。

【适用对象】资信良好、业务管理规范、大量采用票据结算的优质企业客户。

【特色优势】(1) 商业汇票赎回式贴现业务针对优质客户在资金的流动过程中出现的短期资金不足，企业客户能够随时实现资金支取，提高资金使用效率；(2) 商业汇票赎回式贴现业务票据权利不发生转移，企业赎回票据后仍由其本身收取票款，避免了短期融资需求以外的额外付息，最大限度降低企业融资成本；(3) 商业汇票赎回式贴现业务能够使客户实现自行控制融资期限的要求，从而减少无效闲置；(4) 商业汇票赎回式贴现业务扩展了票据产品的外沿，传统的票据赎回业务只可满足于金融机构间的资金融通需求，而商业汇票赎回式贴现业务可实现企业客户的资金融通需求；(5) 商业汇票赎回式贴现业务操作手段简单，到账速度迅捷，符合企业迅捷融资的需求。

【所需材料】(1) 双方签订《商业汇票赎回式贴现协议》；(2) 其他参照工行《商业汇票贴现业务》。

四、电子商业汇票贴现

随着国内电子商业汇票系统的开发与实行，许多人开始认识到电子商业汇票的优点，比如网络传输取代人工传递使得票据伪造的风险更小和票据交易的效率更高等，这种创新性的票据引起了票据市场的重视，使得电子商业汇票贴现业务也大行其道，中国银行与中国建设银行等大型银行都推出了相似的业务。

例：中国银行的“电子商业汇票贴现”业务

【产品说明】电子商业汇票贴现业务是指电子商业汇票的持票人在汇票到期日前，为了取得资金，贴付一定利息，通过人行电子商业汇票系统将票据权利转让给金融机构的融资行为，是金融机构向持票人融通资金的一种方式。其最大的特性是贴现申请、背书转让依靠网络和计算机技术，以数据电文形式完成。

【产品特点】（1）增加企业融资渠道，降低企业融资成本；（2）提高企业资产流动性，加快资金周转，提高资金使用效率，提高客户资产周转率；（3）增加企业现金流，降低客户资产负债率，提高资本充足率；（4）节约企业财务费用，避免资金积压；（5）杜绝传统纸质商业汇票的假票风险；（6）缩短票据和资金在途时间，降低交易成本，提高支付效率。

【利率】以 3 个月期限 SHIBOR 利率基础上加点生成。

【期限】最长期限 1 年。

【适用客户】具有短期融资需求的企业法人以及其他组织。

【申请条件】（1）在中国境内经合法注册经营并持有有效贷款卡的企业或其他组织；（2）能证明其票据合法取得、具有真实贸易背景；（3）在银行开立存款账户；（4）与出票人或其前手之间具有真实的交易关系和债权债务关系。

【提交材料】（1）贴现凭证（代贴现申请书），其中第一联加盖申请人在中国银行预留印鉴；（2）申请贴现时，应向贴入人提供用以证明其与前手真实交易关系或债权债务关系的合同、发票等其他材料；（3）通过人行电子商业汇票系统向被申请机构发起的电子商业汇票贴现申请。

【办理流程】（1）贴现申请人通过人行电子商业汇票系统提出贴现申请后，业务人员对贴现申请人进行资格审查、真实贸易背景材料审查；业务经办、贸易背景审核人员、业务授权审批人员等分别在业务审批表中填写业务信息，贸易背景资料审核意见、业务审批意见，并在审批表中签章，审批表须归档备查；（2）票据融资业务部门完成行内审批程序，与客户签订电子商业汇票融资业务协议；（3）系统业务复核柜员对系统中的相应业务进行复核；（4）放款至贴现申请人账户，并将贴现档案整理归档。

第四节 其他金融产品

除了前文提到的贷款类金融产品和票据类金融产品以外，银行还为民营企业提供了许多其他种类的金融产品，有融资类产品，还有偏向于服务方面的产品。虽然这些产品并不都像贷款及票据贴现业务一样能够直接为企业带来流动资金支持，但也能对企业的良性发展起到很大的帮助。

一、融资类

（一）国内保理

国内保理业务属于应收账款融资，与前文所提到的应收账款质押业务有一定的联系，但是也有区别，相比较于应收账款质押业务中银行只提供贷款不同，国内保理还提供收款与坏账担保等更为综合性的服务，同时国内保理还要在收取利息的同时向企业收取一定的手续费。

例：广发银行的“国内保理”业务

【业务概述】国内保理业务是指广发银行与卖方之间签署保理协议，卖方将其现在或将来基于与买方订立的国内贸易货物销售/服务合同所产生的应收账款转让给广发银行，并由广发银行为其提供贸易融资、应收账款管理、账款催收和坏账担保等综合性金融服务。

【业务特色】（1）有利于供应商（卖方）及时回笼资金，避免因赊销造成的现金流量不足。（2）节省收账成本，降低坏账损失风险。（3）增强竞争力，获得更多订单，扩大销售，增加利润。（4）有利于改善企业的财务状况、提高资产的流动性。

【业务流程】（1）卖方向广发银行提出保理业务额度申请，银行审核买卖双方的交易记录、经营和资信状况、应收账款的质量等情况后对买卖双方各核定一个最高信用限额；（2）核批后由卖方和银行签订《有追索权保理业务协议》或《无追索权保理业务协议》；（3）银行与买卖双方完成对账后，卖方将针对特定买方的应收账款全部转让给银行；（4）将应收账款债权转让事宜通知买方后，银行按应收账款净额的一定比例予以放款；（5）应收账款回款回笼至银行开立的保理监管账户用于偿还融资敞口。

（二）网络融资服务

近年来，网络融资作为一种新兴的融资模式，因其足不出户即可贷款的便捷特性，迎合了电子商务发展的大环境，受到了许多民营企业的追捧，国内多家商业银行也相继推出了相关的服务，如中国工商银行的“网贷通”业务、中国交通银行的“e贷在线”业务以及招商银行的“网贷易”业务等，以下以中国银行的“中银网络通宝”为例。

例：中国银行的“中银网络通宝”

【产品说明】“中银网络通宝”产品是指中国银行在民营企业业务新模式基础上，结合网络经济和电子商务的新发展，创新业务营销手段、风险管理技术和产品服务形式，向第三方电子商务平台上经营的民营企业提供综合金融服务方案的一种业务模式。

【产品功能与特色】(1) 专门的系统平台。中国银行为“网络通宝”产品专门研发了新的金融服务系统平台，不仅可以提供授信业务，还可以配套相关金融产品服务。(2) 丰富的互动手段。“网络通宝”引入了网络在线调查、电话调查等新技术和新手段，提高了银企之间的沟通效率与沟通质量。(3) 标准的作业方式。依托网络平台和标准化业务流程，“网络通宝”采用“线上批量作业”，显著提高了企业的融资效率，在一定程度上降低了企业融资成本。(4) 专门的风险模型。针对电子商务领域的民营企业金融服务需求和风险特征，中国银行开发了专门的信用评级模型，更加准确地评价民营企业的资信状况。

【适用客户】在第三方电子商务平台上注册或自建网站的民营企业客户。

【申请条件】(1) 在中行认可的第三方网络平台上注册并有电子商务行为；(2) 取得人民银行颁发的贷款卡；(3) 年销售收入不超过3 000万元人民币或净资产不超过1 000万元人民币；(4) 依法合规经营并提供近三年的财务报表；(5) 所处行业符合国家产业政策导向。

【业务流程】(1) 借款人登录中国银行“网络通宝”业务受理平台，提交业务申请；(2) 借款人须经中行信用评级，并达到一定级别要求；(3) 中行对借款人进行授信审批；(4) 审批通过后，双方签署借款合同及相关协议文本；(5) 借款人落实担保、开户等放款前提条件；(6) 借款人按中行规定提取贷款。

(三) 民营企业融资租赁

融资租赁是集融资与融物、贸易与技术更新于一体的新型金融产品。由于其融资与融物相结合的特点，出现问题时租赁公司可以回收、处理租赁物，因而在办理融资时对企业资信和担保的要求不高，所以非常适合民营企业融资。

例：招商银行的“民营企业融资租赁”业务

【产品简介】针对长三角、珠江三角、环渤海经济区以及国家高科技园区等市场化程度较高、优秀民营企业相对集中的区域为主要地域进行拓展，为客户提供设备方面的融资租赁方案。

【产品类型】新购设备融资租赁、新购设备经营租赁、已有设备售后回租等。

【产品优势】解决民营企业融资需求多、更新换代生产设备的问题，加快民营企业设备更新与技术改造，为客户提供个性化的财务解决方案。

（四）法人账户透支

法人账户透支业务指的是在企业获得银行的授信额度之后，商业银行为企业在约定的账户、约定的限额内以透支的形式提供的短期融资和结算便利的业务。法人账户透支在大多数情况下的用途是为了满足企业日常经营中临时性的贷款需求，虽然每笔透支的金额不大且期限不长，但是却支持多币种，而且具有融资便利的特点。

例：中国建设银行的“小企业法人账户透支”

【产品介绍】“小企业法人账户透支”业务是建设银行同意小企业客户在约定的账户、额度和期限内进行透支以满足临时性融资便利的授信业务。

【适用对象】生产经营正常、财务管理规范、信誉良好、信用状况较好的小企业。

【贷款额度】透支额度最高 300 万元。

【贷款期限】透支额度有效期最长不超过 1 年，透支账户持续透支期限最长不超过 90 天。

【担保条件】分为特定物的抵（质）押担保和信用状况较好的第三方保证人保证。

【产品特点】随取随用，轻松透支。

二、服务类

（一）咨询业务

例：华夏银行的“企业财务顾问”业务

【产品定义】企业财务顾问业务是指华夏银行利用自身网络、信息、人才、资金和客户群等方面的优势，根据企业客户经营管理与资本运营等需要，按双方约定的服务范围和服务方式，为客户的财务活动提供分析、咨询、策划及中介等服务。

【细分种类】根据是否涉及企业投融资、资本运营或办理难易程度，分为日常咨询服务和专项顾问服务两类：（1）日常咨询服务：是指不涉及企业投融资和资本运营，办理难度相对较低的企业财务顾问服务，包括政策法规咨询、财务咨询、年度财务分析、行业信息咨询等。（2）专项顾问服务：是指涉及企业投融资、资本运营或办理难度相对较高的企业财务顾问服务，包括投资顾问、融资顾问、企业债务管理和重组顾问、兼并收购顾问、企业诊断等。

（二）网络综合服务

例：兴业银行的“银企直联”业务

【产品释义】兴业银行银企直联服务，是基于企业网上银行各项业务功能，将本行银企直联系统与企业的财务软件或资金管理软件进行网络联接，企业财务人员无需登录到本行企业网银，在企业操作财务软件或资金管理软件时，就可以实现对本行账户信息（余额、交易明细等信息）的查询和资金支付等银行业务。目前，本行已经与国内多数企业使用的主流财务软件及资金管理软件实现了银企直联标准对接，使用这些软件的客户可以通过升级产品相应模块快速实现与本行的银企直联服务。

【业务种类】兴业银行银企直联服务提供账户余额查询、交易流水查询、转账汇款、委托收款、投资理财、查询转账交易状态等基本功能，以及集团企业的资金归集、上拨、下拨、对外支付，财务公司的代理支付等；企业还可根据自身需要，通过资金管理软件或财务软件对上述基本功能进行灵活的组合和控制，从而满足企业特殊的财务管理需要。

【产品特点】（1）避免了财务人员在自身财务系统和银行网银系统的重复操作，减少财务差错；（2）节省企业财务大量劳动力，提高劳动效率；（3）通过银企直联，企业财务系统可以直接获取银行账户信息，为财务系统提供各类报表、企业决策支持提供必要数据；（4）银企直联通过数据报文实现企业财务系统与银行网银系统的直接交互，避免了用 IE 访问企业网银时 IE 页面展示造成的速度问题，可以有效提高业务处理速度；（5）提供严谨的异常处理机制，为企业财务系统在与银行进行信息交互时出现异常情况提供处理方案。

【适用客户】已经使用资金管理软件或财务软件、并且希望通过资金管理软件或财务软件直接进行银行业务操作的各类型企业。

（三）票据综合服务

例：中国邮政储蓄银行的“票据大管家”业务

【产品介绍】依据邮政储蓄银行票据系统平台，根据客户要求为其提供票据代理保管、代理贴现、代理托收和票据信息查询等综合服务。以在银行代理保管票据质押形成票据池，为客户提供商业汇票承兑、流动资金贷款、保函、信用证和贸易融资等融资服务。

【产品特色】（1）显著降低客户在票据业务上的人、财、物投入及管理成本；（2）服务产品配置灵活，为客户提供差异化、多样化的票据综合服务解决方案；（3）为客户提供了全方位票据集中管理及业务综合后台支持服务，帮助客户实现票据全生命周期管理；（4）机构遍及全国各地，拥有业务精湛，热忱专业的票据业务团队。

【业务办理流程】（1）客户提出业务申请，提交申请资料；（2）邮政储蓄银行进行审查审批；（3）双方签订相关协议；（4）邮政储蓄银行为客户提供相关服务。

第六章　银行贷款的应知应会

从现实的情况看，大多数民营企业资金出现缺口的时候，首先想到的还是贷款，贷款是民营企业解决资金问题的基本途径。民营企业申请银行贷款，对银行贷款的品种和分类、条件与流程，寻求最佳的资本结构、确定最佳融资方案要做到应知应会。

第一节　银行贷款的品种

一、银行贷款的概念与特点

（一）银行贷款的概念

银行贷款是指个人或者企业向银行融资的行为，即银行根据所在国家政策以收取一定的利率为条件，将资金贷给需要资金的个人或企业，并约定在一定期限内归还的经济行为。由于银行贷款具有风险小、资本成本低的优势，因此在很多国家中，银行贷款占企业总融资比重最高。

（二）银行贷款的特点

（1）贷款筹资速度快、效率高。企业利用银行贷款筹资，与发行股票或者债券相比，一般所需时间较短，审查环节公开，程序也相对简单，因此可以迅速获得资金。

（2）具有较强的灵活性。在借款时，企业可以与银行直接商定贷款的时间、数量和利率等；而在用款期间，企业因财务状况发生某些变化，也可再与银行协商变更借款数额和还款期限。因此，银行贷款对企业来说具有较大的灵活性。

（3）充分发挥财务杠杆的作用。企业向银行贷款，银行只收取固定的贷款利息，只要资金运用的项目资本报酬率高于银行贷款利率（资本成本），则对企业来说就是机会。

（4）融资成本相对较低。相比发行股票等筹资方式，银行贷款融资成本相对较低。并且贷款利息计入期间费用，可以税前抵扣，减轻了企业税负，从而达到相对节约资本成本的效果。

二、银行贷款的分类

（一）按期限划分

按贷款期限的长短，可以将贷款分为短期贷款、中期贷款和长期贷款。贷款期限是指从贷款合同生效之日起，到最后一笔贷款本金或利息支付日止的这段时间。短期贷款一般是指 1 年以内的贷款，其特点是期限短、风险小、利率低。中期贷款期限是 1 年以上 5 年以下，长期借款期限是在 5 年以上，中长期贷款的特点是期限长、利率高、流动性差、风险大。

（二）按贷款的用途划分

按贷款的用途不同，可将贷款分为流动资金贷款、固定资产贷款、科技开发贷款和专项贷款。流动资金贷款包括流动基金贷款、周转性贷款、临时贷款和结算贷款，是企业为解决流动资金不足而向银行申请的贷款；固定资产贷款包括基本建设贷款、技术改造贷款、专用基金贷款，是企业为满足其对固定资产的维修、更新、改造或扩大的资金需求而向银行申请的贷款；科技开发贷款是企业为解决引进先进技术、新工艺、开发新产品的资金需要而向银行申请的贷款；专项贷款是指企业因有某种特定用途而申请的贷款，其属于政策性贷款，并且按照国家规定实行优惠利率。

（三）按贷款有无担保品划分

按贷款有无担保品，可将贷款划分为信用贷款、担保贷款和票据贴现等。信用贷款是指企业依靠自身的信誉而无须提供抵押品或法人担保向银行取得的贷款；担保贷款是指由第三人承诺在其不能偿还贷款时，按约定承担一般保证责任或连带责任而取得的贷款，包括保证贷款、抵押贷款和质押贷款；保证贷款指贷款公司按《担保法》规定的保证方式，以第三人承诺在借款人不能偿还贷款本息时，按规定承担连带责任而取得的贷款；抵押贷款是以贷款公司提供抵押品或以第三人提供的抵押品作为还款保证而取得的贷款，如公司不能按期归还本息，银行可按贷款合同的规定变卖抵押品，以所得款项收回本息；质押贷款是以贷款公司或第三人的动产或权利作为质押物而取得的贷款；票据贴现是指公司将未到期的商业票据卖给银行而取得的贷款。

（四）按利率的约定方式划分

按利率的约定方式不同，可将贷款划分为浮动利率贷款和固定利率贷款。浮动贷款利率是指在贷款期内贷款利率随市场利率或者法定利率等变动定期调整的贷款，利率调整基准的选择以及调整周期的选择，由借贷双方协定；固定贷款利率是指在贷款期内，贷款利率不因市场利率或者法定利率的变动而变动。

三、贷款类型实例

（一）综合授信业务

综合授信是指商业银行在对综合授信客户的财务状况和信用风险进行综合评估的基础上，确定能够和愿意承担的风险总量，即最高综合授信额度，企业在有效期与额度范围内可以循环使用的贷款方式。综合授信额度由企业一次性申报，银行一次性审批。企业可以根据自身的资金需求情况分期用款，随借随还，免去次次借款的繁琐程序，同时大大节约了贷款成本。银行采用这种方式提供贷款，一般是对有工商登记、年检合格、管理有方、信誉可靠，同银行有较长期合作关系的企业。

（二）第三方信用担保贷款

企业向银行贷款时，银行为了降低风险，不直接放款，而是要求借款人找到第三方为其做担保时，企业可向民营企业担保机构寻求帮助。我国已有100多个城市成立了民营企业担保机构，其是经政府主管部门批准依法设立的，以民营企业为服务对象，主要从事担保、再担保业务及相关融资服务，并独立承担担保责任的专业化融资服务。民营企业担保机构实行会员制管理的形式，属于公共服务性、行业自律性、自身非盈利性组织。会员企业向银行借款时，可以由民营企业担保机构予以担保。担保基金主要来自政府财政资金、企业会员基金、企业互助基金以及民间投资等。

另外，民营企业还可以向专门开展中介服务的担保公司寻求担保服务。当企业提供不出银行所能接受的担保措施时，如抵押、质押或第三方信用保证人等，担保公司却可以解决这些难题。因为与银行相比而言，担保公司对抵押品的要求更为灵活。当然，担保公司为了保障自己的利益，往往会要求企业提供反担保措施，有时担保公司还会派员到企业监控资金流动情况。

（三）项目开发贷款

一些高科技民营企业如果拥有重大价值的科技成果转化项目，初始投入资金数额比较大，企业自有资本难以承受，可以向银行申请项目开发贷款。商业银行对拥有成熟技术及良好市场前景的高新技术产品或专利项目的民营企业以及利用高新技术成果进行技术改造的民营企业，将会给予积极的信贷支持，以促进企业加快科技成果转化的速度。对与高等院校、科研机构建立稳定项目开发关系或拥有自己研究部门的高科技民营企业，银行除了提供流动资金贷款外，也可办理项目开发贷款。

（四）自然人担保贷款

中国工商银行推出自然人担保贷款业务，对民营企业办理期限在3年以内信贷业务时，可以由自然人提供财产担保并承担代偿责任。自然人担保可采取抵押、权利质押、抵押加保证三种方式。可作抵押的财产包括个人所有的房产、土地使用权和交通运输工具等。可作质押的个人财产包括储蓄存单、凭证式国债和记名式金融债券。抵押加保证则是指在财产抵押的基础上，附加抵押人的连带责任保证。如果借款人未能按期偿还全部贷款本息或发生其他违约事项，银行将会要求担保人履行担保义务。

（五）个人委托贷款

中国建设银行、民生银行、中信实业银行等商业银行相继推出了个人委托贷款业务，即由个人委托提供资金，由商业银行根据委托人确定的贷款对象、用途、金额、期限、利率等，代为发放、监督、使用并协助收回的一种贷款方式。这种贷款方式主要是由委托人向银行提出放款申请，然后由银行根据双方条件配对，并推介。委托人和借款人双方直接见面协商贷款事宜后，于银行签约、放款。

（六）票据贴现贷款

票据贴现贷款，是指票据持有人将商业票据转让给银行，取得扣除贴现利息后的资金。在我国，商业票据主要是指银行承兑汇票和商业承兑汇票。这种贷款方式的好处之一是银行不按照企业的资产规模来放款，而是依据市场情况（销售合同）来贷款。企业收到票据至票据到期兑现之日，往往需要不少时间，资金在这段时间处于闲置状态。企业如果能充分利用票据贴现贷款，远比申请贷款手续简便，而且贷款成本很低。票据贴现只需带上相应的票据到银行办理有关手续即可，一般在3个营业日内就能办妥，对于企业来说，这是“用明天的钱赚后天的钱”，这种贷款方式值得民营企业广泛、积极地利用。

（七）知识产权质押贷款

知识产权质押贷款是指以合法拥有的专利权、商标权、著作权中的财产权经评估后向银行申请民营企业融资。由于专利权等知识产权实施与变现的特殊性，只有极少数银行对部分民营企业提供此项民营企业融资便利，而且一般需由企业法定代表人加保。尽管如此，那些拥有自主知识产权的优秀民营企业仍可一试。

（八）异地联合协作贷款

有些民营企业产品销路很广，或者是为某些大企业提供配套零部件，或者是企业集团的松散型子公司，在生产协作产品过程中，需要补充生产资金，可以寻求一家主办银行牵头，对集团公司统一提供贷款，再由集团公司对协作企业提供必要的资金，当地银行配合进行合同监督。当然，也可由牵头银行同异地协作企业的开户银行结合，分头提供贷款。

第二节　银行贷款的条件与流程

一、银行贷款的条件

民营企业向银行贷款时必须满足如下条件：

（1）符合国家的产业、行业政策，不属于高污染、高耗能的小企业。

（2）企业在各家商业银行信誉状况良好，没有不良信用记录。

（3）具有工商行政管理部门核准登记，且年检合格的营业执照，持有人民银行核发并正常年检的贷款卡（企业第一次融资需要办理贷款卡，贷款卡会记录企业在所有银行的融资信息，因此违约对企业再次融资的打击是致命的）。

（4）自主经营、独立核算、自负盈亏，有健全的财务制度。

（5）借款用途合法、合理、合规，有按期还本付息的意愿和能力。

（6）具备履行合同、偿还债务的能力，还款意愿良好，无不良信用记录，信贷资产风险分类为正常类或非财务因素影响的关注类。

（7）企业经营者或实际控制人从业经历在3年以上，素质良好、无不良个人信用记录。

（8）企业经营情况稳定，成立年限原则上在2年（含）以上，至少有一个及以上会计年度财务报告，且连续2年销售收入增长、毛利润为正值。

（9）符合建立与小企业业务相关的行业信贷政策。

（10）能遵守国家金融法规政策及银行有关规定。

（11）已经在申请行开立基本结算账户或一般结算账户。

二、银行贷款的流程

（一）申请贷款

1. 进行融资安排

（1）确定融资目的。企业需要银行融资，主要目的有：流动性风险管理，通过获得银行授信以备不时之需；财务需要，利用财务杠杆提高企业收益；其他目的，例如优化资本结构，促进再融资等等。

企业应当提早进行融资安排，未雨绸缪，不要等到“钱到用时方恨少”的地步再去申请授信，让自己陷入火烧眉毛的处境。

（2）评估融资额度。企业向银行提出融资额度时，需要兼顾自身承受能力和实际业务需要。很多民营企业提出融资需求时，只是从收益出发，但是对自己的融资能力、承受能力、还款压力考虑较少。

（3）评估融资成本。除了显性的融资成本外，企业获得银行融资实际上是内部管理特别是财务管理规范化的过程，还要付出其他的如报表审计、资产评估、人员精力、信息公开等成本，这些成本的支出也应当在权衡融资成本与投资收益时予以重视。

2. 提出书面申请

企业到银行信贷科领取《贷款申请书》，并且填写完整。申请书内容包括：贷款金额、贷款用途、偿还能力、还款方式等。

3. 准备提交材料

需要提交的材料一般包括：

（1）企业的基本情况，包括营业执照正、副本复印件，企业名称、营业地址（省、市、县），组织机构代码证正、副本复印件，税务证正、副本复印件，开户许可证复印件，贷款卡复印件及密码（或贷款卡查询结果复印件），法人代表身份证原件复印件，法人代表的工作履历（工作经历及所任职务），法人任职证明、法人简历，授权代理人的授权书及代理人身份证原件及复印件，股权结构（股东姓名、股东占比）、企业注册资本、成立时间、企业净资产、总资产，公司章程复印件，公司业务开展情况介绍（主要说明业务开展方式、结算方式产品在技术质量上的竞争力等）。

（2）验资报告复印件和公司近 3 年经审计的财务报表（包括完整的附注），近 3 个月的财务报表。

（3）本次贷款总额（万元）、用途及项目的可行性报告。

（4）可以提供的担保方式（住宅抵押、商铺抵押、工业厂房、企业保证、存货质押、应收账款质押等的权属证明）以及拟提供的反担保措施。

（5）企业经年检的贷款卡。

（6）企业提供董事会决议。

（二）银行贷款审理流程

1. 贷前调查

（1）客户经理初步了解后，认为企业初步符合贷款条件的，可以向企业提供需收集相关材料清单。

（2）初步分析材料，对材料中需要了解的重点项和异常项进行尽职调查。这些调查主要包括企业的财务状况、信用情况、盈利的稳定性、发展前景、借款投资项目的可行性、借款的担保品等等。

（3）写出调查报告，交由部门负责人；银行客户经理的贷前调查是企业申请贷款的一项重要步骤，调查的数据要求全面、真实、具体，确保企业的贷款用途、合法合规性、行业及企业经营管理情况、财务状况和担保情况符合银行贷款业务的要求。

2. 审批

银行要按照“审贷分离、分级审批”的原则对信贷资金投向、金额、期限、利率等贷款内容和条件进行最终决策。贷款审批依据国家有关信贷政策，从银行利益出发审查贷款业务的技术、经济和商业的可行性，分析材料的主要风险点及风险的规避和防范措施，并决定是否批准贷款。由此，贷款审批流程在决策上更强调风险点的控制与防范。

在受理审批后，审查人对相关资料进行尽职审查，按规定进行集体审议，称为审贷会，资料不完善的，在完善资料后进行审查。审议后交由审批人，审批人审批后交由二级分行行长按照业务双签的原则进行审批。

3. 合同签订

审批通过后，银行和贷款企业签署《借款合同》，合同自订立之日起生效。合同内容主要包括贷款的数额、用途、期限、利率、还款资金来源及方式、保证条款、违约责任等。

（三）放款

合同签署后，企业可以按照合同里的规定办理提款手续，同时银行于提款之日起开始计算利息。

（四）贷款管理

在贷款发放期间，银行定期对企业的基本情况进行检查、跟踪，及时发现风险隐患。

第三节 企业贷款的策略

一、民营企业确定最佳融资方案的方法

1. 融资总收益大于融资总成本

企业进行融资，首先应该考虑的是融资后的投资收益如何。因为融资则意味着需要成本，融资成本既有资金的利息成本，还有昂贵的融资费用和不确定的风险成本。因此，只有确信利用筹集的资金所预期的总收益要大于融资的总成本时，才有必要考虑这个融资。这是企业进行融资决策的首要前提。

2. 企业融资规模要量力而行

企业在筹集资金时，首先要确定企业的融资规模。筹资过多，可能造成资金闲置浪费，增加融资成本；也可能导致企业负债过多，使其无法承受，偿还困难，增加经营风险。而筹资不足，又会影响企业投融资计划及其他业务的正常发展。因此，企业在进行融资决策之初，要根据企业对资金的需要、企业自身的实际条件以及融资的难易程度和成本情况，来确定企业合理的融资规模。

3. 选择企业最佳融资机会

一般来说，要充分考虑以下两个方面：第一，企业融资决策要有超前预见性，企业要能够及时掌握国内和国外利率、汇率等金融市场的各种信息，了解宏观经济形势、货币及财政政策以及国内外政治环境等各种外部环境因素，合理分析和预测能够影响企业融资的各种有利和不利条件以及可能的各种变化趋势，以便寻求最佳融资时机，果断决策。第二，考虑具体的融资方式所具有的特点，并结合本企业自身的实际情况，适时制定出合理的融资决策。

4. 尽可能降低企业融资成本

企业融资成本是决定企业融资效率的决定性因素，对于民营企业来说，选择哪种融资方式有着重要意义。一般情况下，按照融资来源划分的各种主要融资方式融资成本从低到高的排列顺序依次为：财政融资、商业融资、内部融资、银行融资、债券融资、股票融资。在选择银行融资时，要充分注意各银行间不同的信贷政策，选择对民营企业最为有利、最为优惠的银行。

5. 选择最佳融资期限

企业融资按照期限来划分，可分为短期融资和长期融资。如何选择，主要取决于融资的用途和融资人的风险性偏好。从资金用途上来看，如果融资是用于企业流动资产，宜于选择短期融资方式，如短期贷款等；如果融资是用于长期投资或购置固定资产，适宜选择长期融资方式，如长期贷款等。

6. 寻求最佳资本结构

民营企业融资时，必须要高度重视融资风险的控制，尽可能选择风险较小的融资方式。企业在进行融资决策时，应当在控制融资风险与谋求最大收益之间寻求一种均衡，即寻求企业的最佳资本结构。

二、贷款流程中应注意的问题

由于银行的贷款流程以及其中的手续十分复杂，民营企业在对此并不熟悉的情况下进行贷款，很有可能影响其融资效率，甚至导致融资失败。因此，民营企业应当详细地了解各个流程的内容，并充分掌握银行重视的问题，做到“知己知彼”，方能“百战不殆”。

（一）申请阶段

1. 银行的选择

随着金融信贷业的不断发展，银行的数量成倍增长，民营企业有可能根据自身情况，在更多的贷款机构之间选择对自身最为有利的银行。选择银行时，最重要的是选用适宜的借款种类、借款成本和借款条件。不仅如此，不同的银行对贷款风险的政策、对待企业的态度、贷款的专业化程度以及稳定性不同，这些也是企业在选择银行时应当要注意的问题。

2. 银行网点的选择

首先，选择银行网点时，应当遵循就近便利的原则。由于企业经常需要到银行柜面办理业务，因此交通的便利不仅节约了时间，而且可以减少财务人员的路途风险。其次，要充分了解银行的办事效率及其业务专长。办事效率直接影响企业的经济利益，且不同业务专长的银行，对民营企业的重视程度也不同。因此，银行网点的选择对融资是否成功以及今后的工作效率尤为重要。

3. 开户以及材料准备

企业在开户之前可以先与银行预约开户的时间，并且可以大致了解一下业务流程和需要携带的材料。开户时，财务人员可以带上印章，如若发现材料出现问题，仍可现场补救。

若企业需在银行开立一般账户，一定要确保提供的信息与基本账户的一致。比如变更了法人代表的情况，应当先去工商办理变更手续，再去基本账户行办理相应的变更手续，待中国人民银行出具了新的开户许可后，企业方可持新的材料去银行开立一般结算账户。

银行在对企业的调查，基本有：

（1）企业的基本资料，包括企业管理者情况、股东情况、历史背景、发展情况等。

（2）企业的行业情况，国家宏观政策，行业发展、行业特点，企业在该行业中的行业地位等。

（3）企业的经营状况，包括企业的采购、生产、销售及合法经营情况。

（4）企业的管理情况，包括企业文化，管理者素质、员工素质、管理方式等。

（5）企业的财务情况，包括企业财务报表以及对账单等相关财务数据及佐证信息。

（6）企业的需求情况，包括企业资金需求的目的、还款来源等。

（7）企业的信用情况，包括企业的交易记录以及企业在人民银行等相关信用记录。

（8）企业的担保情况，包括对房地产或其他抵（质）押物或担保方的调查。

对此，为了尽快通过银行的贷前调查，企业应当向银行全面、真实、具体地提供这些信息或者相关证明，以使银行可以快速且确切地了解企业目前的状况，从而节约事前调查时间，提高贷款效率。一般来说，企业第一次贷款时间会比较长，以后会更加简单，企业应当尽量理解银行，并积极配合银行的工作。

（二）审批阶段

由于审批阶段的流程都是按照银行内部管理文件要求进行，且企业并不参与这个阶段，因此对企业来说要充分考虑融资行和融资产品的选择。一般来说，银行规模越大，基层审批权越大；产品的抵质押物越充足、创新性越低，基层权限越大。

以四大商业银行之一的中国银行为例，该银行近年来特别出台了扶持民营企业的信贷政策，对扶持行业、利率、风险控制方面都有十分详细具体的规定。在行业政策方面，中国银行重点支持通信、电子信息、生物工程、新能源、新型材料等具有高科技含量、高附加值、高成长性的朝阳行业以及能大量吸纳就业、节能降耗、有利于环境保护、能够出口创汇的各类项目；在地区政策上，中国银行重点支持经济环境好、人才基础好，地方政策、法律法规健全配套，还贷意识好、信用好的地区；对于已建立对民营企业融资能够提供担保的“民营企业信用担保机构”、已经建立向企业提供贷款贴息、无偿资助、资本金投入的“民营企业创新基金”的地区优先支持。

中国银行对民营企业的支持对象是有市场，技术含量高，发展潜力大，经营者品德素质高，综合效益好的企业，特别是符合国家目前积极引导和支持的科技型民营企业，支持这些企业向“专、精、特、新”的方向发展。对于列入科学技术部和财政部每年向社会发布“科技型民营企业技术创新基金”支持的项目和企业要优先予以支持，而对于领导班子尤其是“一把手”能力差，经营管理混乱，产品缺乏市场，不符合国家行业及产业政策，还款信誉不好，自有资金不足，无法提供可靠担保抵押手段的企业则限制或不予支持。此外，中国银行采取低风险低利率，高风险高利率的利率政策，并参考企业信用等级制定不同利率：对信用等级为 AAA、AA、A 级的民营企业，贷款利率一般不低于法定利率；对信用等级为 BBB、BB、B 级的民营企业，贷款利率一般不低于法定利率上浮 10%；对信用等级为 CCC 级及以下的民营企业，贷款利率一般不低于法定利率上浮 20%，最高可至法定利率上浮 30%。此外，中国银行还制定了详细的风险控制政策。

除中国银行外，各商业银行的信贷政策各不相同，对此，民营企业应该充分掌握各个银行的专业特征及其政策特点，从而选择最佳的服务银行。

（三）贷款管理与回收阶段

在贷款发放期间，银行会定期对企业的基本情况进行了解，以降低自身的风险，因此，企业还应当关注自身的财务状况以及有关此项贷款投资项目的风险问题。

贷款在到期的前一段时间，银行会通知企业做好还款准备。此时，企业应当检查自身账户的资金是否落实，避免由于自身资金运作的问题导致还款出现逾期，影响企业在中国人民银行的资信状况，以致未来对再贷款造成阻碍。

目前大部分商业银行都在对民营企业的业务办理机制、体制进行变革，并且尽可能推进产品标准化，以满足民营企业的要求。但是从银行风险控制的角度上看，一些基本的条件限制和流程也是必不可少的。因此，企业在办理贷款时，应当特别注意加强与银行的沟通，成为银行值得信赖的合作伙伴，以提高贷款的成功率和效率。

第七章 站在银行的角度看问题

近年来，“是谁逼走了温州民营企业老板”、“跑路浙江老板再度来袭”、“民营企业老板失踪案——千亿借贷借款人间蒸发”等等，各类新闻已经横扫大大小小各路报刊头条。虽然民营企业案件缘由不同，但民众声音却意外一致：为何民营企业没有资金来救助？民众普遍同情民营企业的遭遇，责怪金融机构的“冷酷无情”。而银行作为企业融资的渠道之一，也因此备受争议。如果从银行角度出发，来分析银行与民营企业之间的关系和民营企业为何频频贷款失败的原因，可能会有不一样的认识。

第一节 不良贷款记录者难进银行的法眼

现代经济活动中，许多民营企业都需要到银行来借钱投资生产，赚取利润，壮大自己经济实力，人们常把这种贷款称为“借鸡生蛋”。然而，银行资金是有限的，随着企业的需求与日俱增，如今要想从银行分得资金“一杯羹”，已成为难题，对于民营企业来说更是如此。

一、具备诚实信用的“敲门砖”

银行信贷评审第一条清楚表示，企业在银行信用如何将会作为能否加入信贷队伍的第一准则，同时也是民营企业顺利取得贷款的关键条件。信用既是企业与银行打交道的基础和本钱，也是企业日后发展的一笔无形资产财富。而银行信用是指企业与银行之间由于借贷关系引起的债务偿还能力，包括结算信用和借款信用。也就是说，要想维系良好的信贷信用，就必须按时归还借款本金及利息，做到“有借有还，再借不难”。

1. 银行评估企业信用具体指标

逾期贷款余额：有无贷款逾期记录（仅设两档：有违约最低分，无违约满分）。

违约次数：有或无违约（仅设两档：有违约最低分，无违约满分）。

到期贷款偿还率：考察期到期贷款累计偿还额/考察期到期贷款累计发生

额 ×100%（了解企业贷款发生频率与偿还概率，估计违约风险）。

贷款利息清付率：考察期支付贷款利息累计金额/（考察期贷款利息累计金额 + 期初欠付贷款利息余额） ×100%（企业支付利息的及时性和有效支付时间）。

从以上参考指标来看，银行评估企业的信用环节中，最重要的是对于历史贷款的记录，特别是拖延欠款、不及时归还利息、本金等问题的“污点”，只要被发现有如此痕迹，在整个信贷评估过程中，企业评分将会大大降低。

2. 具体案例

（1）禹城实业“非阳光”，信贷欺诈“暗里黑”。

2010 年 8 月，禹城公司以生产油井除蜡器为由，向 A 银行申请流动资金贷款 600 万元，期限 3 年，由 X 企业集团公司提供连带责任保证担保，同时提供反担保物（古代王碧玉镯）。可谁知，在企业贷款的第四季度时，风险浮出了水面，禹城公司付息出现困难！2013 年 8 月到期后，禹城公司未按约定还款，致使贷款逾期，600 万贷款本金无法收回。无奈之下，A 银行依法提起诉讼，市中级人民法院判决阳光公司清算组清偿债务本息，担保人 X 企业集团承担连带责任。

也许有人会问：为何银行没有发现禹城公司贷款风险？这一切与禹城公司“步步为营”欺诈计划息息相关。首先，他们的利用生产“油井除蜡器”作为贷款诱饵，这是一款与中国石油天然气总公司石油勘探开发研究院合作开发的产品，采取机械式除蜡，结构简单，设计新颖，作业成本低，既可避免原油污染，又可降低成本，提高采油效率，市场前景非常广阔。同时，按照禹城公司与油田物资公司签订的 6 000 台销售合同，总销售额达 4 216 万元，用销售收入归还贷款有一定的把握。但是仅凭未来发展前景，银行觉得不太可信，计划信贷处初审后认为，采用专利技术生产的油井除蜡器属非成熟产品，其性能和市场前景存在不确定因素，加上禹城公司在 A 银行的结算量很少，预期效益不佳，项目被暂时搁置。

一次不行再次伪造。之后，禹城公司为此多次找有关部门汇报情况，宣传该石油勘探设备前景光明，并将一份油田下属某采油分厂的使用技术报告（复印件）以及小批量实验的效果报告递交给银行。按照禹城公司提供的前景预测，此项产品可实现年销售收人 1.14 亿元，利润 5 000 余万元，发展前景极为乐观，借此打消银行提防之心。最后，他们将会计师事务所审计过的各类“油光满面”的高利润收益财务报表递交信贷部门，还附上 X 企业集团的抵押物的价值评估证明，声称该反担保物经北京东方新资产评估有限责任公司评估，价值人民币800万元。这下彻底打消银行人员的疑心。信贷部根据补充调查情况重新提交了信贷调查报告，对该贷款的安全性给予肯定，同意贷款600万元。祸根就此埋下。

按照当初设想，该贷款项目可实现年销售收入4.2亿元，加上禹城公司原有每年几千万元的销售收入，可为A银行增加存款和结算，综合效益显著。同时，禹城公司还答应帮助联系市邮电局、市社保局的存款，X集团也承诺将其部分存款存人A银行，合作前景非常好。

可惜，这个美丽泡沫在距离贷款到期不足20天的时候破裂了。因为当时禹城公司银行账户上根本全无资金，企业领导也闭口不谈还款问题，合作诚意全无，此时的A银行只能眼睁睁等待贷款逾期。事后，虽然经过法院判决，禹城公司有清偿责任。但当查询工商局企业登记档案发现，禹城公司因为没有参加2010年工商年检已被吊销营业执照，早进入清算程序，根本无力清偿债务；并且由于公司没有实际资产，各种收款政策无法实施，贷款的收回只能依赖于执行担保单位。更为戏剧的一面是：早先银行要求担保单位对借款人提供的反担保物——王碧玉镯，经过银行委托北京文物专家鉴定，重估价值后发现，该玉镯根本不是什么古玩，而是1995年以后的现代普通玉雕，这只原评估800万元的所谓“古玩”，市场价值不超过50元人民币。

逾期贷款本金600万元，累计欠息85.29万元……随着时间推迟，这场贷款欺诈案件迟迟没有执行进展，各种清收措施都无法实施。迫于无奈，银行自身经营几乎进入呆滞状态，许多储户的钱都无法得到利用，严重时还需要中国银行总行的借调，银行经营状况日愈渐下。

从此，银行A的这笔信贷发放被作为银行信贷业务的反面例子，诚实信用被列入信贷部门处理业务的第一准则，也是必经准则。

（2）空手套白狼，自断贷款后路。

小伍是一家银行的信贷工作者，上周接待了一位要求办理房产抵押贷款的客户，与他一番面谈之后，小伍拒绝了他的贷款申请。

该客户吴先生是经营保健品的私营企业老板，四年前在小伍银行处办理了房产的住房按揭贷款，目前房产仍处在抵押中。由于急需一笔资金周转，吴先生决定到银行要求办理住房加按揭贷款。随后，银行的小伍接待了他，并根据业务要求评估房子。经过详细计算，扣除剩余住房贷款余额，吴先生本应该可以申请到一笔近50万元的加按揭贷款。但是在交流过程中一件事的发生，却影响了贷款申请的顺利进行。

按照正常贷款流程，银行需要对客户申请贷款的偿还能力作评估。吴先生听完银行对偿债证明的需求，立马拍着胸脯说，“我绝对可以开出银行需要的收入证明，公司都是我自己开的，收入证明爱怎么开就怎么开”。这话一出，小伍开始犹豫这笔业务了，因为银行要的不是一纸收入证明，而是更看重他真实的还款能力。“除了收入证明，你还得出具能证明你年收入状况的个人税收缴交证明、或者拥有的其他一些资产证明。”小伍对吴先生说道。经过一番交谈后，小伍发现这笔业务几乎没有资产来证明可靠性，吴先生目前只有正在抵押的房产、没有任何银行存款，加之公司刚开业不久，也拿不出税务证明。基于此，银行得出结论，上述吴先生几乎就是准备空手套白狼，婉言拒绝了吴先生的这笔贷款申请。

得知申请被拒的结果，吴先生很不高兴，“我们有房子抵押，为什么不能贷款？你们银行是不是看我们业务小就瞧不起？”小伍微笑着向他解释：“不错，您是有房产抵押在银行，但银行不是拍卖行，银行贷款如果要靠处置您的房产来收回，那我的工作就证明是失败的，银行更注重您的资信以及真实的还款能力。我也很理解您生意的困难，您要不再想想别的办法。”

一场空手套白狼的把戏，就此刹住车，幸好，这次银行识别出来了。诚实是一张名片，也是与银行打交道的基本要求，遗憾的是，我们看到，许多企业经营者恰好相反，借钱之前绞尽脑汁想着怎么捏造骗钱，借到钱后又想着如何瞒天过海拖欠。他们不知道，其实这样做，最终会让自己的银行融资渠道越来越窄，最终断裂，得不偿失。

二、看准财务指标的“晴雨表”

财务指标是指企业总结和评价财务状况和经营成果的相对指标，可以利用企业财务报告中的数据计算出来，有着形式简明的特点。通过数字来传达财务信息并说明财务活动情况和结果。一般指标包括：资产负债率、流动比率、速动比率、应收账款周转率、存货周转率、资本利润率、销售净利率、成本费用利润率等。单个比率的表现为 A/B 形式，可以直接根据比例关系，看出企业不同方面财务能力。企业财务管理将财务分析指标构建成体系模式，分为偿债能力、营运能力、获利能力，发展能力等方面，来综合评价企业整体财务状况。

在财务工作实践中，通过对企业财务状况和经营成果进行解剖和分析，能够对企业经济效益的优劣作出准确的评价与判断，而作为评价与判断标准的财务指标的选择和运用尤为重要。传统的业绩评价大多使用简单明了的财务指标，虽然仅用财务指标来评价管理者的业绩存在不少缺陷，但必须承认的是，财务指标仍可以被称为一个不错的企业经济“晴雨表”。

1. 银行审查贷款时参考的重要财务指标

银行在放贷前，会对贷款企业的一些财务指标进行考察，分析企业整体财务状况、资产盈利等情况。具体来说，包括短期偿债能力指标，现金流量指标，资本结构指标，获利能力指标和管理绩效指标等。

偿债能力指标：流动资产、流动负债、资产负债率（主要考察企业是否有足够的运营资金，一般来说流动比率在150%—200%，速动比率在100%左右较好，同时企业资产债务比小于50%，民营企业适当放宽。运营资金足够充裕，才能在一定程度上保证银行贷款能够得到偿还，具体要结合行业背景讨论）。

营运能力指标：存货周转率、应收账款周转率（可以看出企业资产的管理水平如何，指标数值小代表周转次数少速度慢，如果把钱贷给这样的企业可能会存在贷款能否及时收回的问题）。

获利能力指标：销售利润率、（总）净资产利润率（看企业产品市场竞争能力是否强，数值越大，获利能力越强，贷款回笼的可能性越大，贷出资金的安全就越有保障）。

现金流量指标：企业经营活动现金流量、现金比率（关注企业创造现金的能力如何，如果经营现金流量是负数，则说明企业资金链存在减少的威胁，现金比率小于30%时，企业到银行贷到款的难度会比较大）。

资本结构指标：资产负债率、权益系数（观察企业总资产相当于股东权益的倍数，数值比重越大表明所有者投入企业的资本占全部资产的比重越小，企业负债的程度越高，资本结构越不稳健，银行贷给这样的企业资金也就越不安全）。

以上这些条件都是基本规定，各银行间一般还有一些不同的具体规定和操作办法，他们会根据自己的信用评级系统，另制定一些规定。例如，担保比例也是银行常常关注的指标，担保比率 = 对外担保额度/公司净资产，表示以自己公司资产作担保的其他公司的借款额，而这些借款的使用情况及使用风险是本公司所无法控制的。所以，担保比率比其他的财务杠杆比率对公司风险度影响更大。一般担保比例小于0.5为好。

2. 具体案例

（1）财务数据难掩波动，过桥资本再借困难。

山东，有一大批战略性新兴产业，包括软件开发、生物制药和新材料企业等驻扎在青岛工业园中。其中，有一家正处于在建阶段尚未正式投产的民营小型科技企业——S公司，就是本次案例的主人翁。

科技企业的发展一般可以分为三个时期，分别是创业期、快速成长期和稳定发展期，其中创业期被称为“存活”关键时期，因为此时企业资金需求不仅时间上有短、小、频的特点，并且资金也最难获得。而处于创业期的S公司同样面临资金难问题。公司老总王先生近日因为“新上马”的项目A一筹莫展，一笔6 000万的投资项目做还是不做？项目评估部门为此给出了调查结论：由于研发对接技术的稀缺性和新购生产线的高额成本、人工等支出会给企业带来的风险评级为中档，但是因为良好的市场前景、推广市场的先机时间以及公司拥有独天得厚的相关技术人员渠道等优势，项目预期报酬率可以高达60%左右。

为了得到资金，S公司选择了向银行申请借贷，希望能审批通过。根据银行要求，企业需要提供最近三年的财务报表，其中2012年度和2013年度的部分财务报表基本数据（资产负债表）如表7－1所示。

表7－1　　　　资产负债表

编制单位：S公司　　　　单位：万元

资产	2012年	2013年	负债及股东权益	2012年	2013年
货币资金	57	177	短期借款		
其他应收款	3 364.5	7 563	应付账款	67.5	1021.5
预付账款	1 279.5	5 676	应付职工薪酬	3	15
存货	957	1 033.5	应交税金	1.5	1.5
流动资产合计	5 658	14 449.5	其他应付款	6 735	5 575.5
长期股权投资	1 072.5	1 072.5	长期借款	0	0
固定资产原价	90	120	负债合计：	6 807	6 613.5
减：累计折旧	33	51	股本	1 375.5	13 459.5
固定资产净值	57	69	资本公积	0	0
在建工程	58.5	1 413	盈余公积	0	0
固定资产合计	115.5	1 482	未分配利润	0	0
无形资产	1 336.5	3 069	股东权益合计	1 375.5	13 459.5
资产合计	8 182.5	20 073	权益合计	8 182.5	20 073

单从2012年的公司内部的资产负债表数据来看，公司资产负债率为83.2%，如果当年仍然保持如此高居不下的负债率，明显不可能取得银行贷款审批通过。这个情况在当时被公司资产规划部门发现，向上汇报给老总王先生后，公司立马组织人员了解核实情况，事实果真如此。于是，财务部举行紧急会议："一定要把资产负债率降下来，否则银行贷款这条路行不通。"因此到2013年底时，该公司的紧急应对财务计划有所成效，资产负债率下降到了32.96%，资本结构明显改善，短期偿债能力也大大提升，流动比率从0.84上升到2.59，从原先的流动负债超过流动资产，转变到所有流动资产足够弥补流动负债将近3倍多。

按理说这家公司的财务指标改善了许多，在流动比率和资产负债率两个反映偿还债务能力的指标上已经达到了贷款的标准。2013年应该是准备充足可以去贷款了。S公司融资部经理A抱着银行要求的一大摞贷款资料，推开B银行的大门。

B银行的贷款张经理接待了S公司的职员A，仔细翻阅提供来的财务资料，结合着一些非财务资料，张经理突然发现，导致S公司资产负债率大幅度下降和流动比率大幅度上升的一个重要原因是，2012年期间，公司曾收到过一笔新增资本，公司注册资本由1 375.5万元骤升至13 459.5万元，新增注册资本12 084万元。巨额资本金增加，本来就会使得资产负债率和短期偿债有所改变，按照常理公司应该会增加一些新资产项目，充分利用资金创造收益。

可是，在张经理仔细分析该企业资产负债表中各项目后，他开始疑惑起来：2012年新增加资金到哪里去了？从公司提供的报表数据进行推敲，他发现公司变化最大的几个项目却都是与债权债务账户有关，而并非一些资产账户。其中其他应收款增加了将近4 200万元，预付账款将近4 400万元，其他应付款减少了1 160万元，这几项的累计数约9 800万元，接近新增的12 084万元注册资本的85%。或可以理解为公司股东注入的12 084万元资本，其中预付其他公司的账款4 400万元，形成其他应收款4 200万元相当于被关联公司借走，另外用1 160万元偿还关联公司的借款。

这不能不令人怀疑S公司2012年的新增进来的资本只是过桥资本，在企业里转了一圈就被其关联企业拿走了。这样的情况下，即使公司资产负债率在银行贷款所规定的比率之下也难以保证银行贷款的收回。很明显，财务指标的变化，使银行得以了解S公司的真实经济情况。最终，S公司的贷款申请不了了之，至今公司仍在青岛工业园上四处寻求资金援助。

（2）老友信用稳居“五星”，财务质量仍需“过关”。

RBA 公司创建于 1981 年，主营啤酒酿造生产与销售。自从 1984 年以来，公司销售以年平均 35% 的比率增长，最高增长率达到 60% 以上。在太平洋西北部不断增长与竞争越来越激烈的微酿酒市场中，它的阿尔淡色啤酒和彼特黑色啤酒占有 50% 的市场份额。该公司和银行一直保持良好的信誉关系，对获得的贷款能及时归还，财务状况满足标准，所以融资关系一直保持稳中有升。

2009 年秋，RBA 公司经理 S 在预计产品需求增长后，计划在加利福尼亚北部的海湾地区建一新酿酒厂，同时引入拉哥淡啤酒品牌。于是，RBA 公司继续派出经理 S 向老朋友——美国华盛顿银行商洽贷款合作事宜，希望借入 200 万美元的资金打开北美市场的大门。银行按照贷款步骤一步步要求其提供资料，信贷部分析评估状况。美国华盛顿银行副总裁迈·哈丁亲自审阅了 RBA 啤酒酿造公司的新的贷款申请。

从 1975 年只有 1 家微酿酒厂，到 1989 年 50 家，再到如今 3 000 家。尽管美国国内啤酒市场近年销售增长疲软，但这家微酿酒厂销售额却以每年 30% ~ 50% 的幅度增长。另外，啤酒厂有着和全球两大供销商的合作协议，光合同前期 30% 的预售款就有 150 万美元（贷款额的 75%）。同时贷款推荐书中还包括了具体申请项目到期日、利率、定价以及使用具体对接项目等信息。时间合理，资金规模适合，项目可操作性高，资金补偿有保障……如此好的信息让银行信贷部结论倾向于一个结果：贷款符合要求，应予以通过。

可是银行副总裁迈·哈丁仍然坚持，“请提供至少近三年的财务信息资料，我们需要进行财务审批”。

RBA 公司 2005—2009 年财务报告数据如表 7－2、表 7－3 所示。

表 7－2　　RBA 公司历史财务报告：损益表

单位：美元

年份	2005	2006	2007	2008	2009（预计）
销售收入（扣除啤酒税后）	488 151	702 690	1 082 589	1 680 174	2 676 109
销售成本	250 335	362 766	546 231	1 002 180	1 807 518
毛利	237 816	339 924	536 358	677 994	868 591
销售和管理费用	168 541	218 234	286 567	520 079	607 148
	69 275	121 690	249 791	157 915	261 443

续表

年份	2005	2006	2007	2008	2009（预计）
利息收入	1 953	505	24 250	14 032	1 724
利息费用	(12 502)	(9 054)	(25 646)	(53 863)	(122 211)
其他					(7 500)
税前利润	58 726	113 141	248 395	118 084	123 632
本期	0	0	51 018	18 577	46 642
递延贷项	0	29 132	(6 151)	(12 033)	(27 000)
净利润	58 726	84 009	203 528	111 540	103 900

表 7－3　　RBA 公司财务报告：资产负债表

12 月 31 日　　单位：美元

年份	2005	2006	2007	2008	2009（预计）
现金	50 000	50 000	3 057	50 000	50 000
短期投资	4 358 209	3 821 464	0	726 327	5 609 474
应收账款净额	214 229	306 788	437 371	1 327 492	2 408 266
存货	428 457	613 577	874 742	2 084 912	3 567 349
流动资产合计	5 050 895	4 791 830	1 315 269	4 188 730	11 635 090
无形资产净额	132 159	102 251	72 343	54 435	22 985
固定资产	2 989 160	2 989 160	3 789 160	17 987 110	17 987 110
减：累计折旧	823 126	1 122 466	1 431 538	2 896 826	4 214 737
固定资产净值	2 166 034	1 866 694	2 357 592	15 090 284	13 772 373
加：在建工程	0	2 730 000	13 497 950	0	0
固定资产合计	2 166 034	4 596 694	15 855 542	15 090 284	13 772 373
资产合计	8 349 088	9 490 775	17 243 055	19 333 450	25 430 448
应付账款	214 229	306 788	437 371	1 042 456	1 783 675
应计负债	3 880	4 342	4 430	8 730	14 330
桶和氖灯押金	128 160	158 880	201 720	212 940	294 240
应付联邦所得税	44 779	67 402	69 734	134 451	374 027
长期负债中的流动部分	129 669	146 620	158 418	175 740	186 557
流动负债合计	520 737	684 031	871 673	1 574 317	2 662 829

续表

年份	2005	2006	2007	2008	2009（预计）
长期债务	0	0	6 165 000	5 525 000	4 225 000
其他长期债务	861 689	732 019	585 400	426 983	251 243
减：流动部分	129 669	146 620	158 418	175 740	186 557
长期负债净额	732 019	585 400	6 591 981	5 776 243	4 279 686
其他负债	7 500	10 000	10 000	10 000	10 000
普通股	6 361 294	6 361 294	6 361 294	6 361 294	6 361 294
留存收益	727 537	1 850 049	3 408 106	5 611 596	12 116 639
股东权益合计	7 088 831	8 211 343	9 769 400	11 972 890	18 447 933
负债和股东权益合计	8 349 088	9 494 775	17 243 055	19 333 450	25 430 448

结合着公司贷款项目具体使用资金汇总表、历史资产负债表、利润表等资料，哈丁详细审批了项目的风险。资产负债率约28%，完全小于行业平均水平，流动资金占比45.8%，比例较高，权益乘数1.38……信贷部门终于给出了通过意见，美国华盛顿银行副总裁迈·哈丁在RBA公司贷款申请上，重重地盖上了“合格”两字的印章。

上述例子透露着一个道理，贷款成功与否的关键就是你的贷款记录如何，良好诚信记录是企业去银行贷款途中第一件该准备的物品。此外，当信贷员审查任何一份贷款申请，他首先要寻找的就是你企业的可信度证据，根据你在交流过程中的言行态度、行为举止以及资料备齐情况，来决定是否考虑对贷款进行进一步审批。所以，请准备好，在每次经营信用中保持良好形象，不要留下信誉污点，否则裁判手中的红牌不会对你手下留情。

第二节　实力不靠谱者难获银行的信任

“雪中送炭”一直被业界戏称为与银行无缘的词汇。因为银行不会在企业初创高风险、衰退无力或者濒临倒闭风险时伸出援手。虽然银行业确实就是“在你大红大紫时，捧你追你，在你名声落败时，早逃之夭夭”，但这一现实丝毫不影响企业对银行资金的垂涎，企业依旧直勾勾看着银行借款筹资到账快、资金成本低，还附带着财务杠杠等众多好处。然而，在银行对大多数民营民营企业贷款请求闭门拒绝，企业都在背后埋怨银行的铁面无情的时候，中小民营企业是否想过，如果你的企业管理规范、组织健全、经营绩效良好、行业背景发展好，银行怎么会担心利息收不到、贷款胡乱拆借、违法违规事项的发生呢？

一、企业初创期底子薄，“连带”风险不敢要

企业的生命周期主要经历初创、成长、稳定、衰退四个时期，每个时期企业面临的风险不同，具体表现特征也不尽相同。其中，风险最大的当属企业的初创阶段。因为很多新生的企业，由于刚刚创立，且没有足够资金以及资源，往往都有资金短缺、人才匮乏（通常只有创始人及为数不多的核心员工）、业务开拓吃力等问题，甚至还不完全具备企业组织的特点，也没有形成企业文化的共同价值观念、共同思维方式、共同行事习惯。每个人都只是按照自己的价值观念、思维方式和行事习惯来思考问题、判断问题、处理问题。人员能力参差不齐，相互了解不充分，人际关系不好，工作积极性自然不高，也谈不上员工能力施展，因此这个时期企业组织整体运行的效率是偏低的。

但这个时候的企业往往又是极其需要资金拓展发展平台的时期。据统计资料反映，在我国每年有22%的企业因资金问题熬不过初创阶段。对此，银行不得不规避这类风险，初创期的企业成为银行投资贷款禁区之一。

1. 案例：生不逢时市场险，大气终难成大器

大气商场是当地一家民营小公司，由一名经商近20年，有着丰富的商业经验的“商界女强人”C某创立。商场注册资本580万元，地处市繁华商业街，地理位置优越，购物环境典雅。

万事俱备，只欠东风！有着丰富经验的C女士摩拳擦掌，准备大干一场，“我们大气商场要做当地龙头商场”，这是公司成立的宣言。可万万让C女士没想到的是，这家小商场从2009年创立起，就开始遇到许多经营困难，与C女士之前的“下海”经验不同的是商场的地方保护主义起了反作用。起初，将海外货物做核心主打“高品质、享生活”活动推销，但由于价格定位不合适，导致许多销售产品停滞仓库积压，造成资金流转不顺畅；续之，很多商品生产日期跟不上市场，顾客纷纷反映质量得不到保障，再一次引发销售持续滑坡。后来因选址市中心，仓库偏远缘故，许多经营成本增加，大气资金折腾空乏。2010年年末，大气商场终于忍不住，开口向本地D银行筹借流动资金申请贷款1 300万。

由于大气商场刚成立不久，贷款金额大，D银行对其十分重视，行长亲自

带队对大气商场进行认真细致的调查，结果发现企业在人力资源上以核心人员为主，其他很多人员配备不全，职责重叠严重；其次，资产负债率较高，长期偿债能力不强；应收账款周转率和存货周转率也不高，资产运营能力较弱；另外，加上新成立时期名声不大，顾客群体不够，销售额为行业中下游水平，利润率在行业来说更是不算高。本次信贷审批明显通不过。其实经过多次定位的大成商场这时已名存实亡，早就不具备应有的资信水平，大气商场终不成大器。

2. 案例小结

毋庸置疑，初期企业面临的环境对任何负责人来说都是十分具有挑战性的，各项机制不成熟，谁也不知道下一个漏洞会发生在哪儿，因此处理经营风险成为家常便饭。若处理风险得当，则企业继续发展，万一失误，银行却贸然加入，提供资金，那么，连同银行都要面临贷款资金收不回的风险。

二、贷款资金乱挥霍，不合规矩多忧虑

按照正常程序，银行贷款的借款申请经审查批准后，银行与借款人应共同签订书面借款合同，明确借贷双方权利和义务，包括金额、期限、利率、借款种类、用途、支付、还款保障及风险处置等要素和有关细节。而在贷款发放时需要遵循“贷放分离、实贷实付”原则，银行会根据贷款项目进度和有效贷款需求，在借款人需要对外支付贷款资金时，由贷款人通过借款人账户直接即时划至借款人交易对手，利于银行掌控信贷风险。最后贷款支付后，设立独立的责任部门或岗位，对合同执行情况及借款人经营管理情况进行检查或监控的信贷管理行为。

“实贷实付”政策的关键是让借款人按照贷款合同的约定用途，减少贷款挪用的风险。但实际上，在具体执行过程中实贷实付会面临较大难度。比如：由于新规实施使得某些地方政府平台项目获得银行贷款难度增加，所以地方政府可能阻碍政策的落实；很多金融机构具体执行时效力不强等。因此，对于贷款资金的去向问题，银行尤为关注，若企业有迹象私自挪用，银行必然对企业违规贷款进行惩罚，要求其承担违约责任。

1. 案例：正规资金不珍惜，胡乱拆借火烧眉

重庆 H 公司成立于 2001 年 11 月，注册资金 500 万元，主要在物资流通市场经营业务。法人代表 Z 某，高中学历。公司依靠与本地龙头公司 A 的业务关系，与多家大型企业在大型货车、钢材等物资营销领域建立了业务关系，最

终形成了自己的营销网络。H公司下属十余名员工，均为在当地招聘的临时人员，素质普遍不高。

当公司总资产达8 643万元时，戏剧性的一幕出现了：公司拖欠工资后被数名员工罢工！按照常理，如此庞大的资产下，大家怎么也想不到怎么可能没有资金发工资呢？因为，其实公司内部资产基本上都是应收账款，应收账款好比是企业间的信用拆借，只要这笔资金回不来，公司就必须为之付出资金成本代价。而当时企业的应收账款高达8 368万元，也就是说资产基本上全是拖欠。让大家更为咋舌的是，企业的应付账款也同样高达8 512万元，也就是说，企业基本上没有净资产。

为了弥补企业经营中的流动资金不足，H公司希望向B银行贷款500万元，并承诺以公司的经营收入作为偿还，同时以在当地的三处房产提供抵押担保。三处房产共计买价788万元，房屋使用功能为营业用房，但由于欠开发商部分房款，这些房产没有产权证，所以B银行要求其以购房契约为该笔贷款抵押。在银行信贷员审批签字同意后，最终B银行向该公司发放了500万元贷款，期限10个月。

企业成功获得银行贷款，本来只需将资金注入企业，缓解流动资金“瓶颈”，争取经营好企业，按时偿还本息就万事大吉。可是，H公司却在这时做出了一个惊人之举，公司偷偷把这笔贷款用作所购房屋的装潢及开办娱乐美食中心！这完全是在欺骗银行，根本不符合B银行当初同意流动资金贷款时的规定。

果不出其然，在信贷员了解贷款用途情况后，H公司以资金用完为由，无法归还贷款。直到这笔贷款正常到期后，H公司又以经营滑坡为由，提出转贷申请，B银行看在H公司贷款期间一直不欠息并压缩规模的情况下，同意贷款转贷。可惜，该笔贷款在余额压缩至300万元后，难逃逾期危机，最终演变成为银行的次级贷款。

2. 案例小结

本来是一场完美的合作案例，硬生生被企业的胡乱挥霍资金打断。也许企业将流动资金补上，资金流动正常后，企业可以凭借原有资产创造收益，支付利息，归还贷款，然后和银行保持良好信用合作关系。可惜没有如果，这也难怪，银行一直强调对贷款资金用途的严格审批使用情况。因为一失足成千古恨，资金要是用到不合规处，银行怎么补救也避免不了类似的遭遇了。如果你是银行的负责人，还敢给不合规的商业计划项目企业进行贷款吗？

三、抵押担保是良方，“新病”还需新药医

虽然中小企业是中国经济社会发展的重要主力军，但他们面临的资金短缺“瓶颈”仍然是一个无法避免的问题，民营企业也同样饱受困扰。而抵押质押资产方式的引入，像是一瓶“万灵剂”，帮助许多民营企业打开银行贷款的热情大门。

动产抵押可以盘活企业的存货、应收账款、有价证券、票据资产，只要这些东西容易存放又方便保管；不动产抵押可以盘活房地产、土地使用权这些企业成立时必备的“硬性”条件，只要归属企业登记所有，不用经过转移，银行便会满心欢喜接受；若当企业的机器设备、土地资源不多时候，也可以选择用无形资产向银行质押贷款；反担保是银行防范、化解贷款风险最常见的一种方式，如果有反担保物或者第三责任人，企业贷款成功概率又大了几成。

上述方式千变万化，企业无论采取何种方式都有助于获得银行信用贷款。但是若抵押物自身存在瑕疵，价值不足，企业寄希望于蒙混过关，银行再有心帮助申请企业也无能为力，因为这是银行资金保障的“最后”原则，没有保障的投入，谁能保证最后一定有收入回来。

1. 案例：私交不敌抵押，感情不如担保

鄢老板开的是一家小型电缆厂，注册资本 1200 万元，由于看到国际铜价在上涨，所以鄢老板计划多储备些库存，这样就可以趁机获利。可是鄢老板转念一想，要想维持这笔生意，至少还需要 600 万元的资金补充，才能购进铜材料。为此，他靠着平日和银行的交道甚多，通过熟人找到银行相关负责人 A 某，希望以私人感情解决贷款问题。A 某新官上任，自然不敢假公济私，但他给了电缆厂一个建议：好的抵押品能增加贷款成功几率。

于是鄢老板和几个老板几经商量，最终决定还是将公司自有土地、厂房做抵押物，很快，600 万元的流动资金贷款到账。可是这其中还存在一个问题，流动资金还款期有点短。一年后，眼看银行贷款资金即将到期，鄢老板像热锅上的蚂蚁，急坏了。因为之前的 600 万元买了铜材料，而这是库存生产所需，现在无法立即卖出，否则影响之前的计划安排。这样，要归还这 600 万元贷款本金和利息，他无能为力了。

就在这时，鄢老板继续求助银行朋友，几经咨询后，一种名为反担保的融资方式进入鄢老板眼中。鄢老板找到当地一家小微担保机构，向其证明了其公司目前抵押在银行的不动产价值至少 1 000 万元，贷款抵押率并不高。于是，

担保机构以鄢老板的不动产作为反担保，为其在另一家信用社贷款 800 万元。这样，鄢老板可以用新的 800 万元贷款归还之前的 600 万元到期贷款本息。而由于 600 万元旧贷款已还清，鄢老板的不动产恢复“自由身”，回过头来又可以给担保公司对 800 万元新贷款进行反担保。

依计行事后，电缆厂如意地得到了 800 万元新授信，贷款难题被彻底解决。一次不动产抵押、一次反担保，让鄢老板不仅抓住了之前预期的盈利空间机会，更解决了归还贷款的流动资金不足问题，最重要的是，后续借贷资金困难也迎刃而解，企业仍然可以保持之前的资产负债率，不会提升财务风险。后来由于国际铜价上涨迅猛，低价采购了原材料的鄢老板静待价格上涨，节省了好几百万的成本开支，利润迅速增加了几百万。

2. 案例小结

银行对民营企业的最“不放心”之处就在企业本身的资金风险，资金收不回是银行面临的最大风险。如果有了动产或者不动产抵押，如果有无形资产质押，如果有责任外第三方担保人存在，想必银行的怀疑之心必然下降：东西压在这儿，又有担保人，银行就放心了！

第三节 缺乏现金流者难获银行救急

现金流量是现代理财学中的一个重要概念，是指企业通过一定经济活动（包括经营活动、投资活动、筹资活动和非经常性项目）而产生的现金流入、现金流出及其总量情况的总称。也就是说，对一定时期内企业的现金和现金等价物的流入和流出数量的一种描述。

现金流是现代银行对于借款人重要审批条件之一，对于没有固定资产、没有固定经营地点的皮包商经营的非法业务和欺诈活动的集团，银行一般会进行严格区分，避免落入套现“陷阱”。因此，银行给企业贷款一般要求经营活动产生的现金流量大于零，同时要求有房产、土地、存款、流水、营业执照、税务登记证、法人执照、机构代码证、开户银行证明等，以此证明企业的经营情况是否正常，有无皮包公司嫌疑。

一、皮包公司的谄媚伎俩

1. 正常经营公司

根据《公司法》规定，公司的设立必须具备公司名称、正规固定经营场所和必要的生产经营条件，建立符合要求的组织机构，有实际资本注入和公司章程规定。因此，当我们进入每一个合法经营的正规公司，经常能见到的是公司的管理规范，分工很明确；规章制度比较完善，员工大都比较自觉；公司的每一个办公室都简洁、干净、明朗；一般上班的员工天天都到齐，每个月的工资都会按时发放，有着最低的生活保障。这才是一家正规的合法经营公司。

2. 非法皮包公司

可是，有好公司存在也有“坏”公司存在，在物欲横流的今天，“坏”公司已经不再是指经营绩效不好的正规公司，而是指那些依靠欺骗手段，与法律打“擦边球”的顽固分子发明的“空壳公司”。

空壳公司也被叫作皮包公司、空头公司或现成公司（ready made company），是一种已经开设的公司法人，有公司名字，但是还未有经营业务的公司。起源最早是根据英国公司法确立的一种公司法律形式，是发起人根据香港或英国的法律成立的有限公司，但是没有任命第一任董事，也没有投资者认购股份，不会发生经营及债权债务。需要公司时，投资者只需要将董事和股东交给公司秘书，由他制作相关文件，一般在数小时便可完成。

3. 两者辨认

区别两者可以得出，那些门面装修豪华，内部管理极度差劲，职能混乱，基本上无客户，天天变化新同事的公司很大可能就是上述皮包公司。由于没有实际运营业务，皮包公司根本不可能有什么盈利；加上人员混乱，职务重叠，公司的内部控制根本无法存在，无规矩不成方圆。给这样的公司融通资金，银行的资金打水漂的概率可想而知有多高。

4. 案例：拆东墙补西墙的皮包公司

H 某原系浙江之俊控股集团法定代表人，曾是由一百余家关联企业组成的“之俊系”的“实际掌门人”，为了给公司融通资金，H 某曾在全国各地先后成立了 140 多家关联公司，而在工商登记时，将未实际出资、未实际参与经营决策的下属员工、亲友登记为“挂名”股东或法定代表人，以此分散监管人员的审查注意力。其中，有好几家注册资本金甚至达到上亿（最高为 3.3 亿元）。而这一切的资本金来源要从营造资金雄厚的假象开始说起。

为了骗取银行对企业的信任，H 某想出一个办法：用大型公司表象来蒙骗，只要公司越大，银行给予贷款的金额就会越大，累积贷款金额就会越多。于是，H 某开始想尽办法成立新公司，亲戚、同学、公司职员……只要没有在总公司“之俊”有股东关系的人，全部帮忙成立“挂名”公司，也就是皮包公司，当新成立公司完成验资、工商登记等程序后，H 某立即将上述“之俊系”公司的注册资本金抽回，然后采取关联公司之间互相提供担保的方式，骗取银行对大公司的还款信任。

在骗取银行贷款和银行开具承兑汇票后，H 某立马指使“之俊系”公司人员将银行承兑汇票非法贴现，将银行贷款在“之俊系”公司间“走账”等方式，归还先行到期贷款以及非法套现，也就是所谓的“拆东墙补西墙”。另外，公司设有专门人员提供修改后的审计报告复印件、编造虚假财务报表、伪造工业品购销合同、提供虚假的增值税专用发票复印件等材料，以此稳住银行信贷部的审查。

随着一家家“之俊系”的公司成立起来，来自不同银行的贷款累积越来越多，H 某的胃口也越来越大，四处包养情人享乐，购置不同城市的房产，为躲避查处，支付巨额咨询费让家人移民以及在境外挥霍，很快 H 某操控的“之俊系”公司的贷款余额从 4 838.15 万元上升至 25 亿余元。

纸难包住火！经营不善、承兑汇票违法套现的费用巨大、维系前账还后账的“循环”诈骗的成本庞大等原因导致 H 某的诈骗泡沫最终破裂，贷款资金累积亏空与日俱增。

法网恢恢，疏而不漏。H 某最终在吉隆坡某酒店被马来西亚警方抓获，但这些凭着“空壳”的之俊系公司，先后骗取交通银行、中国银行、中国工商银行、中国建设银行、广发银行的贷款共计 130 976 万元。至案发前，H 某仅归还上述贷款 6 036.4 万元，交存银承兑汇票保证金 7 000 万元，造成银行实际经济损失 11.79 亿元。此案因数额之大，当时被称为浙江“贷款诈骗第一案”。

5. 案例小结

回过头看看，“之俊系”企业的法定代表人、股东构成行行色色，甚至包括公司的打字员、食堂的厨师等。这场看似低端手段的欺诈案，却让国家十几亿巨额贷款亏空。H 某采用的“以贷还贷”、“拆东墙补西墙”、“循环往复”贷款诈骗方式，不仅让有关银行的金融安全警钟敲响，更是让银行开始思考如何避免风险，如何避免金融机关规章制度层层失防，如何避免成为任人宰割的“牛羊”。“皮包公司”这一人人喊打的名字，如今早已在银行业内被深恶痛绝。

二、上下游关系的支离破碎

企业在市场上正常经营，其存在的产业链上一般具有两个方向，上游和下游。上游延伸一般使得产业链进入到基础产业环节和技术研发环节，向下游拓展则进入到市场拓展环节中。因此产业链的实质就是不同产业的企业之间的关联，而这种产业关联背后则是各产业中企业之间的供给与需求的关系。例如，上游企业是对供给原材料、各种资源途径的提供，下游企业主要是对原材料进行深加工和改造处理，将原材料转化为生产和生活中的实际产品。

可以毫不夸张的说，任何企业的生存都需要处在相对稳定的产业链中，拥有良好可信赖的供应商，对各项资源保持一个稳定数量、低廉价格的供给，保证企业自身日常经营生产所需；也需要搭建庞大可靠的供销商和客户群体，将企业各项产品转变为资金流。

因此，企业必须注重上下游企业的相互依存关系。没有上游企业提供的原材料，下游企业犹如巧妇难为无米之炊；若没有下游企业生产制品投入市场，上游企业的材料也将英雄无用武之地。民营企业更应该注重自身与上下游企业之间的利益关系处理，银行会在贷款审批时关注其是否有着同甘共苦、互助互盈、共同生存发展的“战友”，一旦企业孤身于社会市场上，它被淘汰、竞争失败的概率也会加大。

1. 案例：上下游产业链断裂

美国女性大多喜欢雪莉公司的化妆品，所以在很长的一段时间里，美国化妆品市场曾被雪莉公司独占。但就在雪莉公司鼎盛时期，该公司的一位合作长达 6 年的主要原料供应商 X 公司宣布不再供应基础材料给雪莉公司，因为雪莉每年都在材料供应环节上，压低价格，要求一系列合作优惠政策。而在今年年初，国家正式发文对原材料进出口实行严格控制政策，一下子使得 X 公司营运成本激增，鉴于之前与雪莉公司签订合同价格过低，X 公司无法承担如此巨额的经常亏损，X 公司找到雪莉公司负责人 W 进行协商，可是雪莉坚持商品合同低价，不肯让步。这一举动彻底激怒 X 公司负责人 S，经过 X 公司内部商讨，最终决定放弃与雪莉公司的合作方案，另寻良家。

这个良家其实就是雪莉公司的一位新生竞争者：弗雷公司。这家公司成立时间比较晚，从刚开始缺乏人力财力，如今它已人才济济，拥有名校毕业高材生的科研团队，以及很强的市场管理能力。在进入市场的第 3 个年头，弗雷就与雪莉公司占据相似份额的唇部化妆品市场，并且面部彩妆市场也正在弗雷公司的发展蓝图中扩张，可以毫不夸张的说，雪莉下一个正面劲敌必然是弗雷。但是，供应商X公司找到弗雷公司的最大缘由并不是由于弗雷公司的竞争者身份，而是弗雷与雪莉公司硬性政策相对应的共生、互惠经营理念。弗雷公司为每家供应商都制定了公平合理的价格，并请求随着市场波动予以一定市场调控空间，充分尊重供应商的权利，每次价格制定会议都会邀请大家共同商议，宣称：我们要做一条绳上的蚂蚱！

果然，雪莉公司没多久便受到了弗雷公司的正面出击。弗雷公司开发研创了一款新产品细腻柔软的粉质膏，其掩瑕效果比一般普通市场上产品好得多，一经推出，市场便大销热卖。雪莉立马乘胜追击，也打算推出类似产品稳住客户，可是一个重大难题放在雪莉面前：供应商材料跟不上供应进度，产品断裂供应导致市场消极反应。很快这次粉质膏大战，弗雷赢得头筹。

其实雪莉的“硬性”利益处理方式，不仅仅在对供应商环节上，对经销商更是如此。为了打开客户市场，雪莉倚仗自己市场老大身份，对各供应商提出销售目标，如果不销售到目标额，必须取消其代理商资格，同时扣压担保金。而粉质膏的战争失败，不仅使得雪莉丧失了一部分市场份额，有部分代理商也纷纷落逃，怕是赔了产品成本又折担保金。上下游关系在弗雷出现之后一直走着下坡路，不久，雪莉资金链出现问题。

找到银行熟悉的贷款资信部经理C说明企业需求后，雪莉按照要求递交了一系列财务、公司资料。有利润盈利、有产品市场、有多年龙头经营经验……各项资料证明：给雪莉公司的贷款资金应该有保障。可是信贷部发现：近三年雪莉公司的现金流连续下降，究其原因就是上下游的产业链问题。经理C将情况反映给行长后，最终银行还是拒绝了雪莉的贷款请求。

2. 案例小结

企业的现金流不仅关乎企业经营的直接成败，更是银行贷款后还款的直接来源。而企业的资金运动无外乎三阶段，准备时期的货币资金形态转化为储备资金，生产时期储备金转为生产资金形态，到产品销售出去又恢复货币资金形态。如果没有恰当的供应商提供材料，企业资金无法变为储备形态，企业也无法生产产品将储备金转为生产资金；如果没有众多的经销商，企业无法将资金投入重新实现为货币形态，也就无法实现收益，更无法再次进行投资购买材料。因此，产业链上下游的重要性，在周而复始的资金周转中深刻体现，并且关系着货币价值的实现问题。假设产业链出现断裂，那么企业没法实现增值，孤身在市场中竞争十有八九会是石沉大海的结局。也就是说，对于一家毫无增值价值的企业，银行哪里会用正眼瞧。

第四节　防范不良贷款是银行的天职

在探索融资问题时，只要一谈及银行贷款这条途径，众人眼中的银行就是位“嫌贫爱富”的假绅士。只要企业越是有钱，银行就越喜欢贷款给你，喜笑颜开地讨好你，希望你用他的资金，以钱生钱，因为他觉得你有偿还能力，能够给他比储蓄更多的利息，就算你这时候也许并不那么需要贷款；而对于那些迫切需要资金的企业，银行却冷脸相对，各种考核审查，百般刁难后贷款还不一定发放下来，或者说银行就是不给贷。

不过，世人这么看银行，其实未免有些偏见。银行也是企业，需要抵御风险、生产经营、产生利润维系行业发展。他无法像超人一般，永远扮演着“扶危济困”、“英雄救美”、“见义勇为”的英雄形象。

一、国内商业银行的商业模式及盈利构成

国内商业银行的商业模式非常简单，就是在控制资产减值损失的前提下，增加利息净收入，同时增加中间业务净收入。而在银行的整个盈利中，银行的收入等于贷款等资金被使用的利息和提供服务报酬，其成本等于储户的利息、不良贷款损失和一些小额费用等。而银行利润的来源就是各种孳息资产的利息净收入和不涉及资产占用的中间业务净收入（手续费及佣金），再扣除业务及管理费，以及各种资产减值损失（以不良贷款减值损失为主）得到营业利润；再扣除营业外收支净额，得到税前利润。

因此，决定银行利润的关键就是在于不良贷款引发的资产减值损失，这也解释了银行为何费尽心思审批贷款项目，控制企业贷款风险。

银行并非假绅士，倘若银行不强力控制源头风险，一笔不良贷款就能将数万名寻常储户的辛苦钱“打水漂”，银行要增加更多的储户和更多的安全投资项目才能填补亏损漏洞，同时也极可能面临资金周转困难，向央行借款的总经营成本金增加，严重时甚至连储户利息无法支付直接引发破产。

二、不良贷款及其内容

不良贷款是指出现违约的贷款。一般而言，借款人若拖延还本付息达三个月之久，贷款即会被视为不良贷款。银行在确定不良贷款已无法收回时，应从

利润中予以注销。预期贷款无法收回但尚未确定时，则应在账面上提列坏账损失准备。通常用不良贷款率来看金融机构不良贷款占总贷款余额的比重。

中国人民银行下发了《关于全面推行贷款质量五级分类管理的通知》要求我国各类银行全面实现实行贷款五级分类制度，依据贷款风险程度的不同以及借款人还款可能性，将贷款被分类为正常、关注、次级、可疑和损失五类。

（1）正常类贷款：借款人能够履行合同，没有足够理由怀疑贷款本息不能按时足额偿还。

（2）关注类贷款：尽管借款人目前有能力偿还贷款本息，但存在一些可能对偿还产生不利影响的因素。

（3）次级类贷款：借款人的还款能力出现明显问题，完全依靠其正常营业收入无法足额偿还贷款本息，即使执行担保，也可能会造成一定损失。

（4）可疑类贷款：借款人无法足额偿还贷款本息，即使执行担保，也肯定要造成较大损失。

（5）损失类贷款：在采取所有可能的措施或一切必要的法律程序之后，本息仍然无法收回，或只能收回极少部分。

而其中不良贷款是指在评估银行贷款质量时，贷款风险为次级、可疑和损失的三类贷款的合称。

三、不良贷款的形成原因

1. 外部原发性因素

（1）借款企业因素。借款企业本身可能内部经营不善、产品市场萎缩、财务绩效表现差；也有可能是借款人本身素质品行不高，诚信问题、实际经营管理能力不够、品德低下故意逃废银行债务，缺乏还款意识等。

（2）政策因素。宏观经济政策缺乏连续性，经济波动的频率高、幅度大，使信贷扩张和收缩的压力大。政府执行宽松的财政货币政策时，银行信贷规模膨胀，企业急于扩大生产规模需要银行取得大量贷款；而在宏观紧缩、经济调整时期，产品过剩，资金链紧张，往往形成人量贷款沉淀，难以偿还贷款。

贷款沉淀就是贷款中的“死”资金，指的是指贷款中被积压物资，对方长期拖欠的贷款以及企业挪用银行贷款搞计划外基建，购置设备，专用基金超支、亏损垫款，虚盈实亏，职工欠款及各种挂账资金，转借其他企业等占用贷款的总和。贷款沉淀越大，说明银行贷款中不能参加周转的比重越大，贷款经济效益越差。

（3）行政干预因素。主要表现为地方政府与地方财政共同协力，迫使银行发放大量指令性贷款、救济贷款，贷款行为行政化，信贷资金财政化，直接削弱了贷款产生经济效益的基础。例如，为了实现某种目标或履行新出台的政策，商业银行会受到地方政府的干预要求向一些经营效率低下的企业发放贷款，而部分企业难以适应市场经济变化，导致商业银行放出贷款无法收回，不良贷款急剧增长。

（4）信息不对称因素。银行很难全面掌握借款企业的经营状况和资金的运用信息，企业和银行之间非规范性的沟通方式和低效的沟通形式往往会产生信息不对称引起“逆向选择”和“道德风险”。“逆向选择”会导致银行对高风险的借款人发放贷款，“道德风险”促使借款人在借款后从事高风险的经济活动。

2. 内生性因素

（1）决策管理失误。银行的高级管理人员对借款人的现状及市场形势的判断偏差或失误引起重大信贷决策上的失败，导致不良贷款的形成。并且内部经营管理不善，导致银行内部重贷轻管，放贷款时只注重短期利益，忽视贷款在借款款企业中的用途及流向，对借款企业后续的经营状况及市场前景缺乏良好的考察与监督。

（2）信贷人员素质。部分人员素质不高，难以进行贷款的科学决策和有效管理，违规放贷时有发生；在执行信贷政策方面，有的信贷人员随意性很大，存在“人情代替制度”现象，没有树立风险和效益意识，对形成的不良贷款认识不足，抵御风险能力被削弱。

（3）贷款结构不合理。银行的风险意识及风险偏好不同，贷款组合结构性不同。贷款组合失衡，比如贷款投向不合理引起贷款过度集中等造成不良贷款的形成。风险喜好型的经营者其所在的银行的信贷规模一般会快速膨胀，银行的资本充足率快速下降，抵御风险能力被削弱；风险规避型的经营者所在的银行的信贷规模则相对保持稳定，银行抵御风险的能力较强。

（4）内部控制失效。内部控制制度设计存在漏洞，加上在银行内部人员中得不到有效执行，内部控制制度的整体性与适应性较差，这样无法控制新的不良贷款的产生，还会对银行内部管理水平产生负面影响。

（5）道德因素。信贷人员除了必须具备一定的金融理论、企业财务管理、法律制度等业务知识外，还必须具有诚实的品格和强烈的责任心。部分信贷员“在其位而不谋其职”，工作主动性差，缺乏开拓创新精神，不能干好自己的本职工作；甚至蓄意营私舞弊、违规违纪、违法犯罪，促进不良贷款的形成。

四、不良贷款对银行的影响

不良贷款率作为银行的重点监控指标之一，我们再来具体看看，不良贷款率对银行的资金成本、银行业绩、收益利润、资金链周转等等会造成何种影响。

1. 信贷资产安全的指针

金融机构不良贷款率是评价金融机构信贷资产安全状况的重要指标之一。不良贷款率高，说明金融机构收回贷款的风险大；不良贷款率低，说明金融机构收回贷款的风险小。

信贷资产是指银行所发放的各种贷款所形成的资产业务。而贷款是按一定利率和确定的期限贷出货币资金的信用活动，它是商业银行资产业务中最重要的项目，在资产业务中所占比重最大。银行一般把信贷资产中贷款的安全看作为首位，因此会设立风险控制部门对信贷资产的审批前、中、后期进行控制监督，保证贷款整体活动的安全性。不良贷款率作为衡量贷款中高风险项目的比重，可以显示出银行管理人员对于资产的管理能力如何。

2. 经营管理效率的依据

现在很多银行都是地方控股或者投资公司法人控股，虽然由法人承担责任，但大部分银行都有政府政策资金支撑，每当资金不足时候，会使用财政资金帮助银行“解围”，利用银行成立时都有的抵押物，进行资产抵押，加上政府信用才能顺利借到钱。为何政府财政愿意帮助银行，不同银行之间有没有信任差别呢？答案是，有差别。

一般来说，不良贷款率是衡量银行经营管理业绩的重要依据，它代表不良资产的占有比。倘若经理人对业务风险把握恰当，后期管理严格有效，那么不良贷款的比重自然不会大，可以说，银行经营管理效率比较高；但是不良贷款过多，一定反映一家银行对业务评判管理、信贷审批出现问题，需要及时更改内部控制，降低贷款风险。同时，政府财政对于这样的银行，资金补助会减少甚至拒绝。

3. 营运资金成本、利润空间的关键

银行是经营货币及其代替物并提供其他金融服务的机构，是通过存款、贷款、汇兑、储蓄等业务，承担信用中介的金融机构，其主要的业务范围有吸收公众存款、发放贷款以及办理票据贴现等。

距今为止，我国银行的商业模式非常简单。主营业务收入主要是银行利息、金融机构往来利息、手续费收入等，非主营业务包括金银买卖、证券发行及代理买卖、外汇买卖、担保、咨询、代保管、无形资产转让收入等。无疑，依靠存贷利差生存的传统经济方式存在很大的“危险”潜伏因素。

因为银行主要是以吸收存款的方式，把社会上闲置的货币资金和小额货币节余集中起来，通过支付给顾客较少的利息补偿，然后，银行将不断累积的储蓄池中资金，进行投资或以贷款的形式借给需要补充货币的人去使用，赚取其中利息差额收益。其中，这个利润率仅为7%—12%，代表每100元营业收入所获得的净收入为7—12元。这种生财之道的危险在于：这笔资金其实是从稳定的客户群体储蓄中得来，但却要用到有风险的各贷款人中去。如果贷款人无法及时还款，那么储户的本利息就无法偿还，银行需要向其他银行进行同业拆借，或是把未到期的票据向其他行（转贴现）、央行（再贴现）贴现，获得资金，并且贴现的资金成本肯定高于正常经营情况，拆借成本也是一笔大数额，银行的利润空间大打折扣。

4. 自负盈亏的分界标

自从银行业成立，我国法律就不允许银行破产现象出现。因为，一旦银行破产，没有任何资金补偿的话，不仅意味着许多民众的血汗钱不翼而飞，更会让广大民众丧失对银行的信心与信赖。那么，民众将不会把辛苦赚来的资金存入银行，国家无法调动货币资金政策稳定市场，也无法获得建设资金贷款，更多企业会因为资金不足夭折，民众普遍的社会安全性下降，国家经济建设也无法顺利实施，后果不堪设想。因此，我国的银行大部分都是国家入股或者在地方政府政策扶持下成长起来的。如果银行出现大额财务困难，对应的国家、地方财政局、人民银行会利用国家政策资金“兜底”，填补资金空缺。在银行倒闭时，政府也会采取某种形式保护存款人的利益，形成了公众对存款保护的预期。

但是，自从存款保险制度①应运而生，“允许银行破产”的危机感，使得银行失去了一些靠山，银行体系的市场约束明显增强，银行倒闭时各方责任进一步明确，这不仅增加了现代银行的经营挑战，也让大家开始更注重银行的不

---

① 存款保险制度，是一种金融保障制度，指的是由符合条件的各类存款性金融机构集中起来建立一个保险机构，各存款机构作为投保人按一定存款比例向其缴纳保险费，建立存款保险准备金，当成员机构发生经营危机或面临破产倒闭时，存款保险机构向其提供财务救助或直接向存款人支付部分或全部存款，从而保护存款人利益，维护银行信用，稳定金融秩序的一种制度。

良贷款率。因为，一旦银行不良贷款率超过某一高水平，国家规定政策资金将不予以帮助填补亏损，银行要开始自负盈亏。那样的话，银行资金拆借的悠闲日子就到尽头了。

5. 生存攸关的大门

不良贷款的增加，轻则造成银行的资金流通成本增加，利润减少。假使每年的6月来临，银行界的“钱荒”事故频频发生，银行间四处对资金饥饿难忍，这时的银行要是再多遇见几个“赖皮”贷款商，后果可就不仅仅是成本费用上升这么简单了。储户的资金上游来源，如果在银行中介处未得到好好利用，流向了“黑洞”贷款商下游，当上游本利归还之际，银行无法及时拿出资金，极度严重时，就只能资金链断裂，面临破产。最后利用政府财政资金填补，付清债务之后的银行只能宣告破产，行长革职，全行清收。这样的场景至今全国没有先例，我们也不敢预言发生时有多么悲惨，我们只知道，不良贷款是银行的心头恨，更是特级禁区。

第八章　企业信用维持与偿债风险预防

民营企业规模较小，能提供的抵押资产少，从银行获取信用贷款是融资的重要途径。然而，信用风险突出是广大民营企业存在的一个普遍问题，如何维护和提高企业在银行中的信用等级、找准能有效评价企业信用风险的标准、运用系统的方法预防偿债风险，是民营企业管理者必须面对的重大课题。

第一节　民营企业信用维持的含义及重要性

一、民营企业信用维持的含义

信用，指的是在人际交往和商品经济中一种相互信任、相互依存的社会关系和生产关系。信用不仅是人际关系和经济活动中双方平等互惠的基础，更是推动社会发展的催化剂。

从社会伦理的角度来诠释"信用"，它的价值观组成的重要部分，是一种可贵的品质。在中华民族五千年的历史长河中，信用是社会意识形态的重要组成部分，恪守信用的传统美德已经传承了数千年。向人承诺时讲究"言出必行"、"一诺千金"；和人交往时遵循"精诚所至，金石为开"；修身养性时推崇"内不欺己，外不欺人"。讲信用、守信用是一种君子的为人之道，也是慢慢沉淀在中华儿女骨子里的一笔珍贵财富。

"信用"一词，在当代社会已经被赋予了极其丰富的含义。在现代商品经济背景中，从商业伦理角度来解释"信用"，核心就是要求企业诚信经营，不欺不诈。要实现这一目标，管理层首先要以身作则，自我约束，合法合规经营，绝不逾越道德和法律底线，同时治理好企业，约束好员工，树立崇尚信用的企业文化。

从法律角度来看，"信用"可以看作是契约中必须遵循的基本原则之一。《民法通则》中规定"民事活动应当遵守自愿、公平、等价有偿、诚实守信的原则"；《合同法》中要求"当事人对他人诚实不欺，讲求信用、恪守诺言，并且在合同的内容、意义及适用等方面产生纠纷时要依据诚实信用原则来解释合同”。

从经济学角度来看，“信用”主要是指一种借贷行为，比如从银行申请到一笔贷款，向上游企业赊销到一批货物，实际上用自己企业的信用在一定时期内换取了一笔需要到期偿还本金，支付利息的财富，而企业自身的信用额度很大程度上决定了获取这笔财富的数额和时间，以及需要付出多少成本。

信用，同样是企业安身立命处世的护身符，是市场经济生存的通行证。企业信用是银行基于信任、通过一定的协议或契约提供给企业，使得接受信用的企业可以在不用提供任何担保、抵押的情况下获得贷款。那么，企业信用可以看作是一笔宝贵资产，对于广大民营企业来说更是如此。原因在于，稳定的现金流是民营企业生存的血液，民营企业融资具有需求量较小、借期较短、次数频繁的特点，有很强的时效性。然而，一般民营企业受制于自身规模较小，向银行贷款缺乏足够的不动产抵押担保，抵押贷款难以落实，如此一来，信用贷款就成为民营企业最主要也是成本最低的融资手段。

互联网时代下，企业信用的信息采集面向外不断拓展，对内不断深化，包括企业基本开户信息、与金融机构发生信贷关系形成的履约记录，与商业机构、公共事业单位发生赊购关系形成的履约记录，欠缴依法应交税费的记录，各种受表彰的记录或行政处罚记录和经营者个人素质等诸多记录。银行根据企业的信用记录、经营情况、财务状况、管理者素质等诸多因素对企业信用进行综合评价，依据企业信用等级来决定是否发放信用贷款，以及贷款的额度、期限和利率。

对于民营企业来说，信用维持就是在获取信用贷款前寻求不断提升自身在银行的信用等级的方法，以便在需要时从银行获取更多的资金和更低的利率，在信贷之后，积极识别和防范偿债风险，保证本息按时足量偿还，避免银行追加条件，为二次贷款打下基础。很多民营企业容易忽视企业信用的积累，例如贷款未能及时按期还款或者还款不足，为他人担保而第三方未能按时偿还借款，都将留下不良的信用记录。信用维持必需建立在企业树立强烈的信用意识、制订稳健的财务计划、主动与银行发生经济业务往来、完善风险控制方法等基础上。信用维持是民营企业日常经营和管理中不可忽视的重要问题。

二、民营企业信用维持的重要性

银行是民营企业最主要的融资渠道，信用贷款是银行长期以来向民营企业的主要放款方式。顾名思义，信用贷款是以借款企业信用为依据发放的贷款，最大的特征就是借款人无须提供抵押品或者第三方担保，凭借的是债务人自身的信誉，信用就是还款的保证，并且以借款人的信用等级水平决定贷款额度、利率、期限。对于银行来说，信用贷款的风险比较大，一般要对借款企业的财务状况、经营管理水平、企业效益、发展前景等诸多因素进行详细的考察，来控制信贷风险。

商业银行一般发放信用贷款的基本条件有：（1）企业客户信用等级至少在AA-（含）级以上的，经国有银行省级分行审批可以发放信用贷款；（2）经营收入核算利润总额近三年持续增长，资产负债率控制在60%的良好值范围，现金流量充足、稳定；（3）企业承诺不以其有效经营资产向他人设定抵（质）押或对外提供保证，或在办理抵（质）押等及对外提供保证之前征得贷款银行同意；企业经营管理规范，无逃废债、欠息等不良信用记录。

民营企业要向银行申请信用贷款，建立和维持一定的信用水平是必备条件。

1. 简化借款程序，缩短放贷时间

民营企业在申请信用贷款时，如果事前没有与借款银行建立信用关系或者企业自身信用水平不足，则必须要准备财务报表、报税单、银行流水记录、与借款业务有关的合同等一系列能证明自身信用水平的资料，银行在受理之后，还需要花费几周乃至几个月的时间核实材料的真实性、编制评级报告，企业最后还可能会面临申请被否决的风险。维护企业在合作银行的信用水平，毫无疑问可以省去其中一些步骤，简化借款程序，大大缩短放贷时间，以便企业现金流及时得到周转。

2. 获取优惠利率，降低筹资成本

贷款利率的高低直接决定着利润在借款企业和银行之间的分配比例，因而影响着借贷双方的经济利益。影响贷款利率的直接因素，除了中央银行基准利率和银行存款利率之外，还有贷款业务中发生的费用支出。贷款调查、审查批准、贷款监督、贷款管理等活动支出的业务费用都要从贷款利润中得到补偿，信用水平高的企业在申请贷款时，可以省去其中很多环节。另外，贷款的风险程度反映银行按期收回贷款本金和利息的可能性，也会影响企业贷款利率。信用等级高、资信优良的企业申请贷款的利率就低，信用等级低、资信状况差的企业申请贷款利率就相应要较高些。目前我国利率市场化改革已经稳步推开，根据人民银行规定，商业银行对企业的贷款可以在基准利率基础上，根据企业信用状况，按风险收益对称原则来决定贷款利率的高低，因此信用等级高低必将直接关系到企业筹资成本的大小。

3. 深化忧患意识，防范潜在风险

民营企业在获得信用贷款后，面临的首要问题是如何按时足额支付本息。在审批授信时，企业的经营状况良好，但宏观经济状况、行业政策会不断变化，上下游客户的经营状况也会对本企业造成较大影响。要做好民营企业贷款后的信用维持，就要求管理者树立风险意识，加强识别和控制风险的能力。俗话说“生于忧患，死于安乐”，成功获取了信用贷款给企业发展注入了新的动力，但不代表自此高枕无忧，相反，应该及时发现潜在的经营风险和偿债风险，采取有效措施，防范于未然，为今后偿还本息和二次贷款打下基础。

4. 规范经营管理，推动自身发展

在银行对企业的信用评估报告中，可以看到本企业的优势在哪里，不足又在哪里，能明确今后的努力方向和发展思路。信用水平高的企业，是对其经营状况作了一个客观的肯定和确切的评价，使企业进一步优化管理。信用水平低的企业，也能从中看到不足，从而找出问题，改进工作，提高管理水平。

第二节　银行如何评价民营企业信用水平

一、客户信用风险评级概述

客户信用评级是指商业银行为有效控制借款人信用风险，按照统一的财务与非财务标准，以偿债能力和还款意愿为核心，从信用履约能力、偿债能力、盈利能力、经营和发展能力以及客户素质和信用状况等方面，对客户进行综合评价和内部信用等级的确定。和银行有信贷业务关系往来的客户都需进行信用评级，信用评级结果的有效期原则上是一年。对客户评级可设置不同级别，例如AAA级、AA级、A级、BBB级、BB级、B级等，按英文字母排序，越往后信用级别越低，违约概率越大，信用风险越高。L省农村信用社的主要客户群是小规模民营企业，多年来立足于为中小民营企业服务实现银企双赢，共同发展。以其客户信用评级为例，分为6个级别，具体定义如下：

（1）AAA级（实力雄厚，风险很小）：生产经营符合国家产业政策，管理层（主要经营者）素质优异，各类信用记录、资产负债率均为满分；经营性现金净流量充足；具有很强的偿债能力，违约风险很小，发展前景很好，对本行的业务发展很有价值。

（2）AA 级（实力很强，风险偏低）：生产经营符合国家产业政策，管理层（主要经营者）素质良好，各类信用记录、资产负债率为满分；经营性现金流入量充足；具有较强的偿债能力，违约风险较小，发展前景较好。

（3）A 级（实力较强，风险较低）：生产经营符合国家产业政策，管理层（主要经营者）素质较好，各类信用记录、资产负债率为满分；现金流量较充足；违约风险偏低，发展前景良好。

（4）BBB 级（实力中上，有一定风险）：生产经营符合国家产业政策，管理层（主要经营者）素质良好，各类信用记录、资产负债率为满分；现金流量基本充足；经营和财务风险影响增多；违约风险中低，发展前景稳定。

（5）BB 级（实力中等，风险趋升）：生产经营符合国家产业政策，管理层（主要经营者）素质一般，信用记录较好；经营实力中下，应付较大风险能力明显不足，现金流量基本能够保证；经营和财务风险影响增强；违约风险趋升，发展前景一般。

（6）B 级（实力中下，风险偏大）：生产经营符合国家产业政策，管理层（主要经营者）素质一般，信用记录、经营实力一般，现金流量开始出现不足，经营和财务风险影响较大，风险较大。

客户信用评级是目前商业银行主要的风险控制评价方法，它贯穿于信贷管理全过程，是对信贷风险全程管理的重要环节，客户评级结果是确定授信额度的主要依据之一。这种分级制度，让前途好、信用好的企业能顺利借到钱，并承担较低成本；让经营不善、信用差的企业，即使愿意付出再高的代价也借不到钱，对于银行来说，降低了信用风险。

二、信用评分卡实例解析

在我国商业银行实际操作中，利用信用评分卡对客户进行信用评价最为普遍。“5C”分析法是常被采用的定性分析方法，主要评估借款人的道德品质（Character）、还款能力（Capacity）、资本实力（Capital）、担保（Collateral）和经营环境条件（Condition）五个方面，以判别借款人的还款意愿和还款能力。

（1）品质（Character）：指顾客或客户努力履行其偿债义务的可能性。品质是评估顾客信用状况的首要指标，是应收账款的回收速度和回收数额的决定因素。因为每一笔信用交易都隐含了客户对银行的还款承诺，如果客户没有还款的诚意，则该应收账款的风险势必加大。因而，一般认为品质是信用评估最为重要的因素。

(2) 能力 (Capacity): 指顾客或客户的偿债能力，即其流动资产的数量和质量以及与流动负债的比例，其判断依据通常是客户的偿债记录、经营手段以及对客户工厂和公司经营方式所作的实际调查。

(3) 资本 (Capital): 指顾客或客户的财务实力和财务状况，表明顾客可能偿还债务的背景，如负债比率、流动比率、速动比率、有形资产净值等财务指标。

(4) 抵押 (Collateral): 指顾客或客户拒付款项或无力支付款项时能被用作抵押的资产，一旦收不到这些顾客的款项，便以抵押品抵补。这对于首次交易或信用状况有争议的顾客或客户尤为重要。

(5) 条件 (Condition): 指可能影响顾客或客户付款能力的经济环境，如顾客或客户在困难时期的付款历史、顾客或客户在经济不景气情况下的付款可能性。

以L省农村信用社对一般工业中小企业信用评级为例，信用等级评定指标分为信用状况评价、偿债能力评价、经济实力评价、经营效益评价、发展能力及前景和非财力因素评价6个方面。具体评分卡如表8-1所示。

信用评分卡采用一套简单的财务指标和非财务指标来评价借款人的信用风险，这些指标被清晰地定义和标准化，信贷人员可以据此快速评定借款人在所属行业中相对的信用水平。评分卡是银行内部信用评级的重要组成部分，得到的评级结果，用于对单笔授信的审批和利率的确定、客户授信额度的设置、对贷款五级分类提供支持等。

表 8－1　L 省农村信用社一般工业中小企业信用评分表

指标		权重	A	B	C	D	E	F	G	H	I	J	备注
			100	90	80	70	60	50	40	30	20	10	
企业信用状况12分	1. 逾期贷款余额	3	无逾期贷款									有逾期贷款	
	2. 违约次数	3	从未违约									曾违约	
	3. 到期贷款偿还率＝考察期到期贷款累计偿还额/考察期到期贷款累计发生额×100%	3	100%	≥95%	≥90%	≥85%	≥80%	≥75%	≥70%	≥65%	≥60%	≥50%	若未曾有贷款，取 F 档
	4. 贷款利息清付率＝考察期支付贷款利息累计金额/（考察期贷款利息累计金额＋期初欠付贷款利息余额）×100%	3	100%	≥95%	≥90%	≥85%	≥80%	≥75%	≥70%	≥65%	≥60%	≥50%	若未曾有贷款，取 F 档
企业偿债能力38分	5. 资产负债率＝负债总额/资产总额×100%	6	≤45%	≤50%	≤55%	≤60%	≤65%	≤70%	≤75%	≤80%	≤85%	≤90%	
	6. 流动比率＝流动资产/流动负债×100%	6	≥150%	≥145%	≥140%	≥135%	≥130%	≥125%	≥120%	≥115%	≥110%	≥100%	
	7. 速动比率＝（流动资产－存货）/流动负债×100%	6	≥90%	≥85%	≥80%	≥75%	≥70%	≥65%	≥60%	≥55%	≥50%	≥45%	
	8. 偿债保障比率（%）＝［息税前经营活动净现金流量－维持正常生产必需的资本支出（如设备大修支出）］/［应付利息－应付本金/（1－所得税税率）］	12	≥160	≥150	≥140	≥130	≥120	≥110	≥100	≥90	≥80	≥70	未编制现金流量表的取 F 档
	9. 应收账款周转天数＝365/年周转次数，其中：年周转次数＝销售收入净额/平均应收账款余额	4	≤46	≤52	≤60	≤74	≤92	≤104	≤122	≤146	≤182	≤242	

续表

	指标	权重	A	B	C	D	E	F	G	H	I	J	备注
			100	90	80	70	60	50	40	30	20	10	
	10. 存货周转天数 =365/年周转次数,其中:年周转次数 = 销售成本/平均存货余额	4	≤60	≤66	≤72	≤82	≤92	≤104	≤122	≤146	≤182	≤242	
企业经济实力12分	11. 有形净资产(万元) = 所有者权益 - 无形资产	6	≥5 500	≥4 500	≥3 500	≥3 000	≥2 500	≥2 000	≥1 500	≥1 000	≥500	≥100	
	12. 长期资产(万元) = 总资产 - 流动资产	6	≥4 000	≥3 500	≥3 000	≥2 500	≥2 000	≥1 500	≥1 000	≥700	≥400	≥100	
	13. 最近三年盈亏状况	4	连续3年盈利				当年盈利,前2年中1年亏损		当年盈利,前2年均亏损		当年亏损,前2年中1年盈利		经营期限未满3年但保持盈利的取D档,若出现亏损取J档
企业经营效益16分	14. 总资产利润率 = 年利润总额/年平均总资产 ×100%	4	≥15%	≥12%	≥10%	≥8%	≥6%	≥4%	≥3%	≥2.2%	≥1%	≥0	
	15. 净资产利润率 = 净利润额/年平均所有者权益 ×100%	4	≥25%	≥20%	≥16%	≥14%	≥12%	≥10%	≥8%	≥6%	≥4%	≥2%	
	16. 销售收入利润率 = 利润总额/销售收入 ×100%	4	≥12%	≥11%	≥10%	≥9%	≥8%	≥7%	≥6%	≥5%	≥4%	≥2%	

续表

指标		权重	A	B	C	D	E	F	G	H	I	J	备注
			100	90	80	70	60	50	40	30	20	10	
非财力因素10分	17. 企业经营者经历	6	大学以上从业3年或10年以上				大学以上或从业5—10年				从业5年以下		若有不良记录，取J档
	18. 机构、规章、管理水平	4	规章制度合理，生产经营秩序好		规章制度较合理，生产经营秩序较好		规章制度一般，生产经营秩序一般		规章制度不太合理，生产经营秩序差		规章制度不合理，生产经营秩序差		
企业发展能力及前景12分	19. 销售收入增长率 =（本期累计销售收入 - 上年同期累计销售收入）/上年同期累计销售收入 × 100%	5	≥30%	≥20%	≥15%	≥13%	≥11%	≥9%	≥7%	≥5%	≥3%	≥1%	经营期限未满2个完整会计年度的取F档
	20. 利润增长率 =（本期累计利润总额 - 上年同期累计利润总额）/上年同期累计利润总额 × 100%	5	≥20%	≥18%	≥15%	≥13%	≥11%	≥9%	≥7%	≥5%	≥3%	≥1%	经营期限未满2个完整会计年度的取F档
	21. 企业发展前景	2	稳定成长		成长但不稳定		初创		一般行业或一般企业				

第三节　民营企业如何维持和提升信用等级

一、熟识调查程序，具备良好心态

民营企业要从银行打开信用贷款的大门，首先要做到“知己知彼”，方能“百战不殆”。企业经营者对公司自身产品或者服务类型、优势、财务状况、业务量水平等往往熟谙于心，如数家珍，但对银行信用贷款种类、对象、额度、期限、利率、贷款程序等却是雾里看花，不甚了解。民营企业经营者要换位思考，想想什么能够打动银行、银行担心什么，熟识银行的信贷调查程序。在银行信贷人员调查时，除了按部就班地积极配合，还要“投其所好”地向银行信贷人员介绍本企业的各个层面，从管理理念到经营业绩，从财务状况到未来前景，让信贷人员对企业有全面的了解。甚至可以有保留地“坦诚相待”，把企业遭遇的难处、面临的风险告诉调查人员。这样做的目的，一方面有助于银行了解、认可企业，另一方面真诚的交流也会打动银行，建立彼此之间的信任。另外，企业经营者要掌握往来银行的经营特点。不同商业银行的区域战略、客户战略都有区别，有的银行主要面向大客户，有的银行主要面向中小企业。一般民营企业的规模不大，融资不容易，争取往来银行长期稳定的支持十分重要，选择合适的往来银行，是建立企业和银行之间的合作和信任的重要环节，力求“门当户对”。民营企业一般选择中小型商业银行和信用社合作，双方互相重视，合作共赢。

成功贷款给民营企业带来了财务杠杆效应，维持了良好的现金流，有利于企业进一步扩大生产。但是在负债经营下，一方面企业要时刻树立风险意识，利用信用融资“借鸡生蛋”诚然可以给企业带来更多利润，但财务杠杆越大，随之而来的财务风险也越大。企业经营者要摆正心态，理性制订企业发展规划，以市场规律和行业前景为导向，绝不盲目扩张，被当下的好势头“一叶障目”而看不见可能潜在的危机，例如产品市场饱和、项目潜力不足等。在企业效益好、现金流充裕的时候，应尽早制订还款计划。另一方面，在背负债务之后，管理者也大可不必“杞人忧天”，过于担心债务是否能及时偿还，反而在经营上畏手畏脚，踌躇不前。充分认识企业实际情况，理性衡量企业债务承受水平和还贷能力，正确制订还款计划，是企业管理者在成功获取信贷后保持平和的心态的关键。

二、主动建立联系，注重信用积累

民营企业要主动与银行建立联系，而不要等到需要资金时才登门求助。从在银行开户，企业的信用档案就开始建立，今后经过开户银行的所有交易，都将为企业积累信用。民营企业融资不易，主要的融资渠道又是银行，更是要注重日常的信用积累。首先要选择一家最合适的银行开立基本结算账户，将企业的银行业务都集中到一家，这样既增加了企业在银行账户的流水，又便于资金集中管理。民营企业在日常经营中，要减少与客户的现金交易，因为现金交易不但资金得不到安全保障，又没有在银行留下任何的结算或信用记录，银行无从了解企业的真实的经营情况、从企业的往来流水中银行可以清晰地了解企业的资金周转情况、收支情况，判断企业是亏损还是盈利。银行流水记录还记录了往来客户的信息，如若企业是一些知名公司的长期供应商，表明企业产品质量有保障，坏账可能性低，同样会提升银行对企业的信心。

在资金匮乏时，民营企业渴望得到信用贷款进行周转，那么在企业资金充裕时，正是“未雨绸缪”的好时机。商业银行的本质是以盈利为目的，吸收存款是银行发放贷款的基础。在资金充裕时，把钱存在目标往来银行里，是对银行工作的极大支持，也给银行对企业实力的看法注入了一剂强心针，为双方合作打下了良好基础。一旦企业遭受困境，银行也会和企业同舟共济，全力支持企业渡过难关。

三、规范企业管理，杜绝财务造假

建立能准确反映企业财务状况，符合现代企业标准的财务管理制度和内部监控制度，增加企业财务透明度，是提升信用水平和成功贷款的重要途径。提供给银行的会计报表、报税单等资料应该真实有效，但经过银行调查之后，账实不符或者账表不符等情况屡见不鲜。一旦查实企业提供的财务信息虚假，银行一般会认定企业信用较差，不但本次贷款诉求不会满足，还很可能会影响以后的银企合作。要从根本上杜绝财务造假的问题，民营企业务必摒弃家族式的管理，理顺部门和岗位设置，理顺责任划分，完善财务制度管理建设，合法合规经营，从而保证财务数据的真实性。财务报表是信贷人员了解企业最简单最直接的资料，如实提供信贷程序中要求的财务资料，即使最后未能成功申请贷款，也为企业积累了银行信用。此外，民营企业老板们也要自我约束，建立诚信意识，爱惜自己的信誉，从水费、电费的缴纳、合规纳税、信用卡、贷款利息的及时归还到不拖欠员工工资，这些一点一滴的细节都会提升企业主个人在银行的信用，获得良好口碑。

四、遵循市场规律，保持连续经营

俗话说："打铁还需自身硬，绣花要得手绵巧。"虽然银行对大企业的信贷风险相对较低，对一般中小民营企业的风险相对较高，但不能一概而论。市场经济下，信贷风险程度不在于企业规模大小，而在于经营好坏。企业持续经营，稳步发展，实力被银行认可，是提升信用等级的根本，这就要求民营企业管理者量体裁衣，寻求让企业更好、更快的发展之路。

在传统工业化年代，企业崇尚"木桶理论"，即企业发展高度好比一个"木桶"，能装多少水决定于自身最薄弱的那块"短板"。在当下互联网经济时代，企业不必要精通一切，只需要一个足够长的"长板"，拥有自己的核心优势，再具备一个拥有"完整的桶"意识的管理者，围绕这块"长板"展开布局，企业会很容易脱颖而出。

首先，要研究行业政策和行业状况。行业政策就像商海里的"指明灯"，国家或者地方是否有惠企政策鼓励一个行业的发展，还是努力在引导一个行业实现转型。行业状况内容包括一个产品是否还适销，产品市场是否饱和，同类产品的替代程度，等等。民营企业管理者若不深入研究，在进入一个新的产品市场时，只会"雾里看花"，在制定发展战略时容易失去方向，经营起来难免会"南辕北辙"，最后很可能面临失败。当下我国经济增速放缓，经济机构不断优化升级，在此"新常态"下，民营企业"船小好调头"，选择投资国家或地方当下支持的产业，抢先进入市场，生产适销对路的产品，那么银行的信贷支持也会水到渠成。

其次，要建立现代企业制度。一般民营企业在初创期时，生存是第一目标，家族式的"人治"策略简单粗放，管理成本低、决策效率高，适应了企业创立初期的需要。但在企业已经站稳脚跟，步入成长期乃至进入成熟期后，健全的制度建设至关重要。随着企业规模扩大、人数增加、业务范围不断拓展、业务量增加，经营风险也不断上升，单靠个人的精力和能力已经难以维持企业运行，进行股权改革不但可以分散风险，还能调动员工积极性，留住精英人才。另外内部分工越来越细，部门越来越多，管理工作日趋复杂，必须引进职业经理人制度，决策权由高度集中开始分散。

最后，要注重互联网时代下的市场营销。"互联网思维"已经是当下脍炙人口的热词，民营企业管理者也应该转变传统思维方式，注重运用快捷方便、用户体验等互联网思维核心视角重新审视企业的营销方式。移动互联网时代，便捷的移动终端，如智能手机、平板电脑甚至智能手表等已经让我们实现了随时随地随身浏览各种信息，同时信息内容进一步碎片化发展，碎片化内容沿着不同的时间线散落在浩瀚的信息海洋，但每一条碎片化信息都暗藏着消费者的个性化需求。因此，企业就需强化自身的碎片化思维，思考如何能让消费者在碎片化时间来选择你的内容，并且能让他快速喜欢上你的碎片化内容，乃至你的品牌。要借助更多价值内容和个性化服务来进一步覆盖甚至“霸占”消费者更多的碎片化时间。摒弃“好酒不怕巷子深”或者“向消费者讲一个好故事”这种传统单向交流思维，利用各种新媒体，如微博、微信等与潜在的客户群体进行双向交流，帮助他们建立对企业产品的了解、兴趣、渴望，优化他们在购买企业产品中的体验，这种情感的积累将让顾客成为品牌的忠实“粉丝”，“粉丝”不仅带来了产品销量的提升，还能为企业带来正能量的口碑传播，他们的推介将是身边好友最值得信赖的选择。

五、加强信息沟通，密切银企关系

在整个信贷过程中，民营企业和银行之间不断进行沟通是十分必要的。在信贷的申请阶段，民营企业应该经常到银行走走，和负责信贷的客户经理多聊聊。和客户经理乃至银行中高层打交道时，不要抱着说服他们放贷的心态，沟通的意义在于信息的传递和理解，消除企业和银行之间可能存在的不对称信息，建立彼此之间的信任和友谊，最终达到让银行认可企业、成功放贷的目的。银行选择企业，企业同样要选择一个有能力有眼光的客户经理合作。企业管理者要学会“识人”，信贷经理的人品素质怎么样，精神状态是否积极向上，工作思路是否清晰流畅。人际交往中讲究长期合作，这样彼此之间的信任才会一点一滴地积累起来，倘若一次贷款申请未能得到批准，也不该心怀芥蒂或者妄自菲薄，应该一如既往地和往来银行客户经理保持长期联系。时常给他们个电话、发个信息、约个饭局，说说企业当下的行业信息、经营状况、财务状况，有哪些困难，同时也可以从信贷经理那里了解银行最新的优惠政策，一来二去，双方之间的信任就建立起来了。切忌只靠请客吃饭、送礼这类投机取巧的办法去拉关系，这样只会加深信贷风险。成功申请贷款后，专款专用，及时汇报企业经营状况，严格依照贷款合同认真落实还款计划，主动配合银行贷款后的监管工作，恪守信用，惠人惠已，为二次融资及多次融资打下了坚实的基础。

第四节 民营企业如何预防偿债风险

一、偿债风险的定义

民营企业在负债经营时，如果盈利能力不能补偿债务成本，即企业的投资报酬率低于债务成本，财务杠杆的积极作用开始失效，那么将出现偿债风险。民营企业对于贷款的支付能力，由自身资产的流动性和现金流量状况决定。对于一般民营企业而言，最大的弊病恰恰是流动资金不足，一旦不能及时偿还债务，那么将面临无法再融资或者融资成本升高的局面，如果无法脱离财务困境，最后只能破产清算。

一般来说，民营企业的偿债风险指的是企业已经发生违约，没有能力按期偿还银行借款及付清利息，或者相关债务人有预期的还款来源，但是还款来源不足以偿还债务。从这个表述可以总结偿债风险的两个特征，一个是借款人已经无法履约或者很可能违约，另一个是存在无法完全履约的可能性。站在民营企业的角度，对已经出现问题的贷款采取果断措施，可以在很大程度上减少信用水平流失，有助于企业早日走出难关；对可能存在的偿债风险密切关注，可以防患于未然，减少损失发生的可能性。

二、偿债风险发生的预兆

（一）从银企关系识别偿债风险

依据中国人民银行 2001 年 12 月 19 日颁布的《贷款风险分类指导原则》，通过考虑借款人的还款能力、还款记录、还款意愿，贷款项目的盈利能力，贷款的担保，贷款偿还的法律责任，银行信贷管理状况等因素把贷款划分为五类，即正常类、关注类、次级类、可疑类和损失类。五级分类贷款分别定义如下：

（1）正常类：借款人能够履行合同，有充分把握按时足额偿还本息。

（2）关注类：尽管借款人目前有能力偿还贷款本息，但是存在一些可能对偿还产生不利影响的因素。

（3）次级类：借款人的还款能力出现了明显的问题，依靠其正常经营收入已无法保证其足额偿还本息。

（4）可疑类：借款人无法足额偿还本息，即使执行抵押或担保，也肯定要造成一部分损失。

（5）损失类：在采取所有可能的措施和一切必要的法律程序之后，本息仍然无法收回，或只能收回极少部分。

站在银行角度来看，通过对贷款进行五级分类，可以揭示信贷的风险程度，全面、真实、动态地反映贷款的质量。此外，有利于发现在贷后管理和贷后回收过程中存在的问题，加强信贷风险防范，为信贷资产质量考核和不良贷款责任认定提供依据。当出现以下情况时，银行可能会认定贷款存在偿债风险，对贷款进行降级处理：

（1）到期无故拖延或者不能足额偿还应还本金和利息。

（2）企业不按贷款合同规定及时向银行递交财务报表和相关资料。

（3）企业与本行的往来业务锐减，存款账户余额大幅缩水。

（4）企业负责人有意疏远银行甚至开始拒绝与银行工作人员接触。

（5）企业管理层人事变更频繁或企业负责人卷入诉讼纠纷。

（二）从财务状况识别偿债风险

资产负债表、利润表、现金流量表这三大报表就像一面镜子，真实地反映了企业经营状况成果。资产负债表反映的是企业某一时刻的财务状况。利润表反映的是企业某一时期的利润的情况，一方面通过收入和费用反映公司盈利或亏损数额，另一方面说明公司财务成果的来源、各种利润指标数额的比例以及不同收入来源之间的关系。现金流量表反映的是企业现金变化的结果和财务状况变化的原因，现金余额虽不一定与企业盈亏呈正向变化，但一般认为现金流量状况好的企业是健康的。

从资产负债表来看，应收账款回收期延长或数额上升，计提坏账准备增加，存货增多，赊销政策发生变化，资产负债率提高，流动资产比率下降，债务短时间异常增多，拖欠职工薪酬，对股东和职工有债务等，都是偿债风险的预警信号。

从利润表来看，存在销售额大幅下降或者销售额上升但利润率下降，成本升高导致毛利和净利润的差距加大，收益减少，财务费用和管理费用异常增加，发生亏损等情况，说明存在潜在的偿债风险。

从现金流量表来看，净现金流量大幅下降甚至为负，经营活动产生的现金净流量减少，投资活动和筹资活动产生的现金净流量变化过大都直接预示着偿债风险加大。

（三）从民营企业治理识别偿债风险

从外部环境分析来看，行业的整体衰退或者国家对行业的政策发生重大变化，经济环境发生变化，如爆发金融危机，银行汇率、利率发生调整，产品或服务的市场需求下降，原材料价格上升导致成本增加，压缩企业利润，甚至生产线遭遇台风、火灾、洪水等严重自然灾害，都可能让广大中小民营企业一下跌入深渊。

从民营企业的产品市场来看，倘若产品或服务过于单一，或者过于依赖某些客户和供应商，市场上出现新的同类替代品时，顾客需求发生变化，企业不能及时适应市场变化，致使存货增加，销售量明显下降，这无疑会减少现金流入，在贷款到期时无力偿还。

从民营企业人事角度分析来看，中小民营企业的管理层一旦卷入经济或刑事案件，面临法律诉讼或者突然离职，公共媒体曝光企业负面消息，企业可能面临“群龙无首”的局面，陷入经营困境。在民营企业步入新的发展阶段时，管理层如果缺乏战略性计划或计划不明确，没有足够的能力和行业经验，甚至心态发生变化，投机心理过重，从而带来巨大的经营风险，这在贷款到期时都会累加于偿债风险之中。

三、对症下药破解民营企业还贷危机

前文多次说到，良好的现金流是民营企业持续经营的“命门”，可商海风云难测，民营企业就像是小小的“孤帆”，万一在贷款即将到期时不幸遇到了一场资金周转困难的“风暴”，比如赊销商品的应收账款不能及时收回、存货滞销等状况，民营企业管理者该何去何从？是积极主动正视困境，配合银行寻求解决办法，还是孤注一掷寻求高成本的民间借贷“饮鸩止渴”，或是消极被动承担违约责任最后濒临破产？“风暴”之后必将是“彩虹”，民营企业老板们不妨借鉴下文讨论的办法，走出“山重水复疑无路”的困境，驶向“柳暗花明又一村”的彼岸。

（一）主动寻求各方帮助

中小民营企业一旦陷入还款危机，不能及时足额偿还本息，管理者一定要调整心态，高度重视，及时主动联系银行进行沟通，寻求解决方案。企业信誉是一点一滴积累起来的，企业在经营过程中难免遭遇困境，把当下的困难主动告诉银行，表明自己的诚意，也会给予银行对企业未来的信心，继续和企业合作，向你伸出援手。如果是企业在生产经营管理上出现问题，可以恳请银行派出专业团队查明具体原因，加强银企联系，帮助企业调整经营战略和市场营销策略，改善财务状况。

俗话说，“众人拾柴火焰高”，我们生活在一个讲究人情和重视关系的社会环境中，只要众志成城，企业没有过不去的坎。实际生活中，职工、亲朋、民营企业之间的借贷屡见不鲜，民营企业老板遭受还贷危机时，可以尝试向自己紧密合作的上下游企业寻求贷款，也可以向内部员工求助，他们都是最了解本企业的人，和企业的关系可以说是“唇齿相依，唇亡齿寒”，如果民营企业老板平时的信誉和口碑好，对他们晓之以理、动之以情，是很有可能获得帮助的。

（二）及时办理贷款重组

贷款重组是指借款人已经发生或可以预见其很可能发生财务困难的情况下，为了维护债权和减少双方损失，银行和借款人双方经过协商，在保持原有贷款合同的前提下，对贷款偿还条件进行修改，包括还款期限、还款方式、利率等。

贷款重组有多种方式，下文将介绍常见的适合中小民营企业的债务展期、借新还旧、减息、部分债务豁免等方式。通过这些方法，企业很可能走出还贷危机，银行将收回贷款，银企通过合作共渡难关，并深化彼此合作，进一步建立信任。

1. 债务展期

债务到期却无钱可还时，广大民营企业可以积极联系银行，及时办理展期手续，推迟到期债务要求付款的日子，为企业赢得宝贵时间，避免破产。这种方法既方便又简捷，很好地挽救了陷入财务困境的企业，给予了企业转危为安的时间，又避免了法律费用，是应对偿债风险时首选方法之一。

2. 借新还旧

贷款到期却无法偿还时，中小民营企业还可以采用“借新还旧”的方式，即向银行提出申请再次为本企业办理一笔新的贷款，用以清偿旧的贷款。借新还旧从其本质上讲，是对原借款合同中贷款期限、利率等条款的变更，其实质内容是对借款期限法律契约上的延长，其特殊之处在于该笔借款仅用于偿还前一笔到期借款，企业只需继续向银行支付利息。这在效果上相当于给企业的前一笔借款予以了延期，而且不需要支付因借款逾期而产生的较高的利息。

3. 减息或部分债务豁免

如果银行认定企业经营确实发生重大困难，肯定无法偿还全部本息时，企业可以向银行申请减息或者部分债务豁免，这样可以减轻企业负担，以顺利偿还剩余债务。减息和部分债务豁免都是债务和解的具体方法，债务和解是指银行以收获部分现金的形式与债务企业解除贷款合同，即所有未还债务按一定的百分比，由企业用现金支付银行后，便视同全部清偿。这种做法可以减少企业重整所需的时间，使企业在较短的时间内重新进入正常经营的状态，同时也节省了各种法律费用，加快了企业偿债速度。

（三）典当变卖企业资产

前文已经说过，企业的“银行信用”是一笔宝贵财产，对于银行高度依赖的中小民营企业更是如此。在实在困难的情况下，民营企业老板们要有“壮士断腕”的决心，考虑“丢车保帅”，典当或者变卖企业低效资产，力挽狂澜，保住自己在银行的信用水平。一般来说，次要的生产工具、盈利水平低于同行业水平的资产、交通工具以及专有技术、特许经营权、专利权、商标权等无形资产都可以典当变卖。总之，企业管理者一定要恪守信用，具备长远战略和全局眼光，保住银行信用这把“星星之火”，为将来东山再起作准备。

第三篇 案例篇

都说民营企业贷款难。其实，只要方法得当、切入角度合适，民营企业贷款并不难！不难的关键就在于充分发挥会计师事务所的作用，本着会计师事务所、银行、企业三方合作共赢的基本理念去做事情。本篇将通过“讲故事”的方式，具体阐述在不同的地点、不同的状态、不同的行业中，会计师事务所是如何利用其所掌握的金融知识、财务知识、行业规则和法律政策，综合运用不同的财务方法、理财工具、融资品种，进行有效沟通、通力合作，为不同的民营企业取得生产经营所需资金，并促成会计师事务所、企业、银行的合作共赢局面。

第九章　关联融资与理财互动

一个民营企业家奇遇新能源技术团队，双方交流融洽，于是合作创立了一家新能源企业。企业发展初期，出现了流动性问题，遭遇贷款难，影响企业抢战市场和加快发展。虽然企业屡次向银行申请流动资金贷款，但它总是过不了银行的审核关。一家会计师事务所的介入，为这一难题找到了圆满的解决方案。那么，这家新能源企业是如何在会计师事务所的帮助下，解决了贷款难题的呢？

第一节　旅途奇遇，一家新能源企业的诞生

中国中部省份L市有一个专营产自顺德、佛山等地瓷砖、卫浴产品的企业，其负责人是一位年纪50多岁的民营企业家赵壹。2008年3月份的某一天，他在顺德站上了一趟北上的火车。找到位置坐下后，看到邻座一个30多岁的戴着一副深度眼镜的微胖男士，正与三个30岁以下的操着北方口音的男士交流着什么企业、产品之类的事，而且相互间流露出怨艾的眼神。不甘心一个人寂寞坐车的赵壹，忍不住凑上去和他们攀谈。经谈，知道这四个人原先在广东某市一家生产锂电池的企业分别负责技术、产品研发和市场营销，是一个管理团队。那个30多岁的微胖男士是他们的头儿，原来在企业做总经理并负责技术，两个搞研发，一个搞营销。两年前，他们四人和某市本土老板合作办厂，某市老板投资，老板同他们四人约定，由他们各自负责上述所提事务，公司给予他们合计15%技术股。由于淡于法律意识，没有签订任何协定，也没有在工商登记机关进行技术股登记。两年下来，在工厂产品质量、技术、市场全部走上正轨之后，老板暗中用自己的人把四人手中的生产技术、科研成果、市场渠道彻底掌握了，最后不用说股份没有，人也被排挤出厂了。于是，他们四人约定另觅投资者，从零做起。

投资嗅觉灵敏的赵壹精神一抖，知道这是千载难逢的机会，很快与他们热聊起来。在通过深度接触后，双方都认为彼此可信可交可合作。此时的赵壹已经做了十来年的陶瓷、卫浴业务，积累了一定的资本，虽然近几年在所在市一

个5A级旅游景区内投资建设了一个4星级酒店，且酒店装修业已接近尾声，但手中还持有一定可用资本正寻找投资出路。同时，他还明显感觉到，在当时金融危机的影响下，陶瓷、卫浴等建材生意已不如以前好做，竞争激烈了，利润空间也相对越来越小，而新能源产业正是冉冉升起的朝阳产业。

在L市工业园区和政府的大力支持下，L市一家制造销售锂电池的新能源有限公司快速成立。该新能源企业投资约定注册资本2 500万元，全部由赵壹出资，出资到位后，赵壹赠予上述四人团队20%股份，并在企业登记机关按约定进行了股份转让和股权登记，具有同股同权的法律效力。四人团队作为企业股东，无条件将技术、研发成果、市场渠道投入公司使用并负责企业生产运营和公司持续发展。股东所投入资本中1 280万元用于向当地政府缴纳招拍挂取得的256亩土地的土地出让金（每亩5万元，享受政府招商引资政策），1 000万元用于购进设备新建生产线，220万元用作生产用流动资金投入周转。在投资立项、招投拍土地、规划建厂、用地许可、建设许可、环评立项、施工建筑、竣工消防验收等一系列漫长程序中，公司暂先租用工业园区已建成板式厂房8万平方米建成生产线投产。

赵壹及四人团队不负众望，很快在2008年8月设备安装调试成功并开始产品的生产制造。由于技术、研发成果都是现成的，销售渠道也有基础，而且当时锂电池国内需求旺盛，所以公司产品很快得到国内京、津、冀和沪、苏、杭等地的认可，公司产销利润率超过了20%，公司从投产至当年底的短短4个月实现销售收入2 000多万元，会计利润300多万元。

众所周知，作为新公司新产品，加快占领市场并持续提高市场占有率是市场营销决策的关键。而加快占领市场并持续提高市场份额，就必须比老企业老产品付出较高代价进行市场铺货、多多承接客户订单和多设销售门点以形成营销网络。如此一来，在预测2009年产销增长趋势、合理测算流动资金需要量的时候，新能源有限公司就明显出现了流动性不足的问题，流动资金缺口近2 500万元。这就引出了该企业在加快发展过程中所必须跨过的第一道坎。

第二节　会计师事务所受托审计洽谈遇尴尬

A会计师事务所是上述新能源有限公司所在地一家具备咨询能力的事务所。2009年2月，A所接受新能源有限公司财务经理的邀请，就新能源有限公司2008年年报进行审计并出具审计报告事项进行业务洽谈。对此，A所派出注册会计师前往进行业务洽谈并了解委托单位的基本情况。

A 所注册会计师了解到新能源有限公司的委托目的、公司基本情况，同时在洽谈中获悉：公司财务经理与法人代表鉴于公司 2009 年面临的流动性不足，先后跑了基本户开户行、一般户开户行及其他三家尚未开户的所在地银行，提出向他们申请流动资金贷款的意向，基本户开户行、一般户开户行及两家尚未开户银行的分管信贷的行长及客户经理在看了公司法人执照等基本资料及财务信息后，都明确告知新能源公司现阶段尚达不到流动资金贷款条件。只有最后一家银行表示可以试试看，叫公司报上申贷资料，还要提供经会计师事务所审计过的会计报表。同时要求公司对会计报表中的销售收入进行包装，2 000 多万元的销售收入太低，要做到 8 000 万至 1 亿元。否则，贷款额度上不去。还有，要将仅取得土地使用权证的公司抵押物——300 亩土地——找一家他们指定的评估公司进行评估，评估价值做到 4 000 万元以上。还真没想到，一个具有发展前景的企业想贷点款就这么难。

于是，财务经理首先就找到 A 所，请 A 所先帮帮忙，把销售收入包装到 8 000万至 1 亿元，他们可以多付点费用。然后，他们再计划请银行指定的评估机构高评他们的可抵押资产并形成评估报告。完成后，他们把符合银行要求的审计报告、评估报告和其他基本资料一起报送银行审批。

A 所注册会计师在听了财务经理的反映后答复了以下三点：（1）A 所不会违背职业操守去包装贵公司的销售收入；（2）凭注册会计师的专业经验，贵公司所处目前状态，应该达不到当前规则下银行流动资金贷款的基本条件，即使按相关银行要求组织报送了材料，估计其后台审批同样过不了关；（3）经了解，贵公司大股东在本市 5A 景区有 4 星级酒店，在市里的建材生意也做得不错。若集合一起与银行打交道，应该是一个银企合作的亮点。就此点，建议贵公司大股东和管理层找下 A 所的咨询业务部，因为他们对处理银企合作业务经验非常丰富。

第三节　会计师事务所对银企合作的交流与筹码分析

赵壹及其财务人员找到 A 所咨询业务部并请相关擅长银企合作实务的注册会计师提供咨询服务。咨询业务部派出的注册会计师专家组，先是召集赵壹及其财务人员就财务、贷款等事宜开了一次交流会。之后同赵壹及其管理层联系 A 银行召开了一次三方恳谈会。两次会议对三方合作、解决贷款问题达成了意向，并确定由 A 所制订融资方案并引领实施。

通过专家组与赵壹及其财务人员在交流会上的交流，A 所从赵壹两个关联企业了解到两点情况。一是赵壹的建材贸易公司在当地生意不错，批发零售业务量较大，企业的现金流、开户行日均存款余额、日常现金流都有不错的表现，是当地银行竞相拉拢的星级客户。建材贸易公司无论是财务报表还是经营表现都不需要银行贷款，是一个对开户行纯作贡献的客户。二是座落在 L 市 5A 景区的丽景实业有限公司的 4 星级丽景大酒店，已于六个月前营业，住宿率挺好。两个月前，赵壹请相关银行考察了该酒店，相关银行提出可为酒店公司做贷款期限为 2 年期的装修贷款，也可做贷款期限为 5 年期或 10 年期的固定资产融资类项目贷款，叫公司财务部门上报申请贷款的纸质材料。可公司无法根据银行要求提供令银行满意的贷款材料。财务部门在与银行沟通交流中，要么让银行不满意，要么材料无法提供。比如公司历史沿革复杂且有一小股东由于信用卡曾有违约记录，导致其个人信用在人民银行系统中表现不良，项目审批资料杂乱，建设用地取得手续及地价依据不充分，公司财务报表无法合理反映建设支出、应付工程账款等。

A 所就上述情况和与会者进行充分的交流沟通，分析了赵壹企业面临的贷款障碍、银企合作的优势以及破解这些障碍的可行性。依据惯常的银行流动资金贷款规则，A 所不客气地否决了以新能源有限公司直接申报流动资金贷款的方案。因为任何银行都要遵守授信评级业务规则。对成立不到一周年的新企业，一般不予进行授信评级，对新合作企业通常也需要通过至少半年的资金流水观察期以获取企业往来结算的第一手信息。银行作为银企合作的对手方，与企业是甲乙方关系，是利益对开、互惠互利的商业关系。银企之间在互通有无、充分信息沟通的基础上，通过一定业务规则确立契约关系符合商业合作规范。而且，银行对企业业绩的评价、对贷款投入效果的评估通常依据企业历史经营状况，预测经营趋势和分析未来发展态势。赵壹的新能源有限公司成立 8 个月，正式运营仅 4 个月，虽然有发展潜力，但新企业、新产品毕竟风险大，未来不确定性因素多。银行无论是在把控信贷业务风险方面，还是在遵守信贷业务规则方面，不予支持赵壹的新能源有限公司流动资金贷款项目，都是无可争议的。更为值得一说的是，赵壹的新能源有限公司拟用以抵押贷款的抵押物是刚从一级市场上获得的 256 亩工业用地的土地使用权，该用地还未取得建设工程规划许可证、施工许可证，处在这种状态下的地产抵押无论是从估值角度还是从抵押能力上，要足额对应 2 500 万元流动资金贷款申请额度是绝对不可以的。

建材贸易公司应是最受银行欢迎的结算客户，它的批发零售业务在L市一直做得很好，进销两旺，往来结算频繁，公司账户每日都有现金进出款，资金流水和账户日均余额有很好的表现。但此类公司从银行贷款角度看，不是一个很好的融资平台。因为，如果贸易公司在进销两旺、差价空间有保障的情况下，一般占用的流动资金不可能过多，其财务信息所反映的缺口流动资金往往不大，甚至不需要流动资金贷款。在另一种相反的情况下，即一旦日常贸易出现进销短板，会引发贸易公司的经营风险，银行将这种贸易风险列作高风险。从必须保障银行贷款资金安全可靠的天职出发，银行一般不会去支持这种没有不动产支撑的贸易平台去获取大额贷款的。

而作为拥有坐落在L市5A级景区、已经申报4星级酒店的丽景大酒店的丽景实业有限公司，酒店已开业近一年，住宿率达到了75%以上，而且还会随着酒店知名度的提升和酒店营销力度的不断加大，其经营业绩会继续趋好。这应是很值得银行关注的可支持性贷款项目。至于公司财务人员理不出令银行满意的申请贷款材料，或者银行无法认可企业现阶段所反映的财务信息，应不是什么无法解决的问题。丽景大酒店能办出房产证、能正常在有着严格管理背景的5A级景区营业，该酒店应该无论在项目审批、建设许可、营业许可等所有方面都经过地方相关各部门的层层把关和级级审核。可以说，丽景大酒店项目再怎么出现项目审批资料杂乱，建设用地取得手续及地价依据不充分，只要投入细致的内外调查工作，都应该理得出头绪。至于公司历史沿革复杂且有一小股东存在信用不良更不是问题。公司历史沿革再复杂，产权人至少说得清楚；而财务混乱问题，只要公司聘请专业机构进行系统整理和规范也是可以得到解决的；至于有一小股东由于信用卡曾有违约记录，导致其个人信用在人民银行系统表现不良，则可去所属人民银行查证其出现信用不良的动机和背景，看看有无可能消除其信用不良的措施。如不行，则对公司信用不良的小股东进行股东、股权的实质性法律变更。

在进一步了解并与赵壹三家企业的财务人员多次交流后，A所向赵壹及三家企业的财务人员，分析了赵壹及其企业与银行展开银企合作的筹码。其具体表现为：（1）可向意向合作银行提供三个结算账户，而且贸易企业的批发零售、酒店的住宿餐饮还可办理POS机，有利于银行完成当年新开银行账户指标并增加该行POS机安装数量；（2）三个结算户的结算往来和资金流水可以为银行带来业务收费业绩，其日常账户余额有利于银行增加储蓄余额；

（3）同一实质控制人赵壹控制下的三家企业在银企合作时不仅可以互保互动，而且其各自收益都可以成为贷款本息偿还的直接或间接还款来源，企业偿贷风险小；（4）有足够的不动产作为抵押物，抵押担保风险小；（5）贷款资金投向实体经济，资金投向属国家产业鼓励的新能源行业。

在得到了A所专家组指导后，赵壹及其企业财务人员顿时有了信心，并决定聘请A所担任公司筹资顾问并愿意支付一定的业务费用，由A所指导并牵引公司的银企合作事务。

第四节　会计师事务所与银行的沟通

接手赵壹及其企业委托后，A所及赵壹找到L市S商业银行的领导和业务经理，A所向他们大致介绍了赵壹及其企业的情况和资金需求。S行的领导和业务经理对赵壹及其企业非常感兴趣并表示乐意支持，他们向A所及赵壹介绍了S行的一款最近力推的贷款产品——经营性物业贷款，这款产品对在国家5A级景区建设星级酒店的支持力度空前。但是经营性物业贷款是固定资产项目贷款的一种形式，是对建设单位缓解项目建设资金自筹压力的重大支持，其贷款用途必须符合人民银行及其总行的要求。只是要通过该项目的贷款转而支持赵壹新办的新能源企业或贸易企业，则必须借助银行理财工具和票据业务进行开展。至于资金成本，如果企业可以很好地支持S行的配套业务，那么在人民银行允许的利率浮动区间内，贷款企业的贷款成本可以取最低上浮，同时还可以在该行通过理财通道降低贷款资金的综合成本。

由于民营企业财务相对不规范，其财务应进行系统整理。公司提供的财务报表要客观公允地反映出其真实有效的财务信息，这就需要会计师事务所为企业进行专业策划和实施指导。另外，会计师事务所还可以在项目建设合法性、项目自筹资金投入情况、项目建造成本的实际发生、项目预期收益的估算等方面帮助银行进行疏理把关。有会计师事务所的专业参与，银行更放心，在项目审批效率上可能会更快点。

就这样，A所、赵壹及其企业、S银行达成了由A所引领三方合作，共同解决赵壹及其企业贷款难问题的协议。

第五节　经营性物业贷款的产品介绍

一、产品定义

经营性物业贷款，是指银行向借款人发放的以借款人自身拥有的经营性物业作为抵押，以物业经营收益、物业租金收入作为主要还款来源的贷款。

二、产品价值

经营性物业贷款产品可以让经营性物业所有者获得以下价值：

（1）获得融资支持，盘活物业。

（2）融资期限长，免除短期流动资金贷款到期办理还旧借新等复杂手续、筹集大额资金的压力和烦恼。

（3）还款压力小，根据物业收益、物业租金等经营收入的现金流设计还款周期，消除还款周期与现金流不匹配的现金周转压力。

三、经营性物业贷款用途

（1）归还或置换建造该经营性物业的银行借款、股东借款、关联单位或其他单位借款。

（2）支付经营性物业的购置款、装修款。

（3）其他符合规定的用途。

四、借款人应具备的条件

（1）具有法人营业执照并通过年检。

（2）预期经营性现金流量充足、稳定。

（3）在本行开立结算账户，无不良信用记录。

（4）遵守公司章程或出资协议的规定，董事会、股东会同意将其拥有的经营性物业作为贷款的抵押物，并提供书面决议。

（5）接受本行对物业运营收入、支出款项的监管，有关经营性物业的资金结算业务通过本行办理。

（6）其他贷款条件。

五、经营性物业应满足的条件

（1）项目批建合法，产权清晰，已取得合法的产权证明，通过质监、安监的验收。

（2）商场、写字楼和商铺的出租率应不低于 80%；宾馆酒店投入商业运营时间 2 年（含）以上，平均入住率应不低于 70%。

（3）位置优越，商业氛围浓厚，交通便捷，具有较强的变现能力。

（4）市场定位准确，目标客户稳定，且有预期稳定的经营性收入流入。

经营性物业贷款产品于 2006—2007 年经少数银行业务创新，发展至今，已成为多数银行大力推行的中长期贷款品种之一。

第六节　三方的合作分工

经 A 所、赵壹及其企业、S 银行的沟通和交流，三方达成合作意向并根据各自应担负的职责进行了分工。

1. A 所担负的具体任务

（1）依据 S 银行提供的信贷产品和理财工具，结合企业实际，策划企业向 S 银行申报贷款，解决赵壹新能源公司流动性不足的融资方案。

（2）对赵壹各企业财务状况进行系统整理和整合，客观公允地梳理出银行必须掌握的财务资料。

（3）协助 S 银行调查主贷款企业基本信息、历史沿革、发展前景、经营性物业立项批复、规划及建设情况。

（4）协助 S 银行对物业资产价值、财务状况进行分析。

（5）配合企业、S 银行书立契约、实施放款、票据理财、贷前抵押，引导企业保证承诺等。

2. S 银行担负的主要任务

（1）对企业的可信贷支持度进行分析，按授信调查程序对企业进行授信调查。

（2）委派客户经理对企业经营情况和贷款材料组织、申报进行全程跟踪。

（3）对企业信用状况、偿债能力、还款来源、贷款用途、贷款效益进行全面摸底排查。

（4）执行前台申报、审查、报批，后台审查、审批流程，实施贷前、贷中、贷后服务。

3. 企业的职责

(1) 企业作为A所、S银行的客户，无论是贷款企业还是关联企业的股东、管理层为解决本次企业资金不足、促进企业可持续发展，都必须在A所的引领下、S银行的跟踪对接下，在A所制订的实施方案和S银行业务规则下做好全面细致的配合工作、提高管理能力、规范自身行为。

(2) 在A所的专业指导下、银行支持企业的规范要求下，通过系列整理整顿，以达到银行授信评级要求，满足银行贷款、票据理财、银行监管等业务规则的要求。

第七节　会计师事务所工作内容

一、会计师事务所的专业策划

A所根据赵壹三个相关联企业具体情况，结合S银行贷款产品、公司业务发展需求，为促使S银行与赵壹三个关联企业达成商业合作关系，切实满足双方的商业化需求，制订了银企合作方案，获得了各方认可。方案具体内容包括：

(1) 由A所牵引赵壹三个相关联企业与S银行实现全面战略合作，企业银行互利互补。

(2) 赵壹三个相关联企业全部在S银行开设银行账户，有条件的企业开立基本结算账户，无条件的开设一般结算账户，三个公司所有银行结算业务全部转移至S银行，现金业务也尽量走S银行。丽景酒店和赵壹专营建材批发零售的贸易公司——大华贸易公司——分别在其主要营业场所安装S银行的POS机系统，由酒店和贸易公司的客户在S银行进行刷卡消费，以增加在S银行的现金流水和企业账户的日均余额。

(3) 以丽景实业有限公司为贷款主体，向S银行申请景区酒店经营性物业贷款，根据该贷款产品的特征并结合丽景实业公司建造、装修丽景大酒店的投入资金自筹情况和对股东赵壹、关联企业大华贸易公司的建设材料占款等具体情况，确定经营性物业贷款合理合规用途。根据丽景大酒店建设资金使用情况，A所拟定丽景实业有限公司向S银行申请5 000万元的经营性物业贷款，用以支付应付未付装修款、股东借款、应付未付关联企业大华贸易公司材料款（据对丽景大酒店建设资金使用情况的初步了解，丽景大酒店建设、装修总耗费1.3亿元人民币，其资金占用构成为：股东资本金投入8 000万元，应付建安公司建设工程款余额1 000万元，应付装修公司装修款余额约1 300万元，股东借入及应付未付关联企业大华贸易公司材料款合计2 700万元）。还款来源为酒店物业的经营收益，抵押担保物为丽景大酒店的整体物业22 000平方米，贷款期限根据酒店收益预测和分析各项可行性经济指标后确定。

（4）新能源有限公司与S银行先行建立战略合作关系，纳入S银行重点支持的关注对象。新能源有限公司与上游单位协谈以银行承兑汇票的方式进行货款支付。

（5）丽景实业有限公司全面接受S银行对经营性物业贷款资金使用的监管，在按照贷款用途确定受托支付后，从相关已归还股东欠款及关联企业大华贸易公司材料款中归集相应额度，分别在股东及大华贸易公司在S银行账户冻结，定期半年，为新能源有限公司作担保，根据需要全额开出多份银行承兑汇票以解决L市新能源有限公司流动性不足，存单质押到期解押后，视新能源有限公司的具体流动性和现金收益回流情况进行再质押再开出承兑。

（6）鉴于本方案设定下的赵壹三个相关联企业对S银行的贡献度，S银行与丽景实业有限公司约定，本次经营性物业贷款利率执行其上级行规定的基本利率最低上浮政策，以策应赵壹三个相关联企业的综合财务成本降低到最低。

二、会计师事务所指导完成的贷款报送材料清单

表9－1是贷款主体——丽景实业有限公司——上报S银行的申贷材料清单。

表9－1　　L市丽景实业有限公司申请经营性物业贷款材料清单

序号	事项	有（√）	无（×）	备注
1	借款人申请贷款报告			
2	股东会申请贷款及抵押担保决议			
3	抵押物清单及抵押物权证			
4	企业法人营业执照			
5	L市丽景实业有限公司简介			
6	组织机构代码证			
7	税务登记证			

续表

序号	事项	有（√）	无（×）	备注
8	公司章程			
9	贷款卡			
10	开户许可证			
11	验资报告			
12	企业变更信息表			
13	法定代表人身份证、证明书、签字样本			
14	董事长简历、财务总监简历、股东简历			
15	连续3个会计年度财务报表及审计报告			
16	近期3个月财务报表			
17	国有土地使用权转让协议及土地使用权证			
18	购地发票及付款凭证			
19	项目建设批复			
20	关于投资项目请示的复函			
21	丽景大酒店项目区位图			
22	丽景大酒店项目鸟瞰图			
23	建设用地规划许可证			
24	建设工程规划许可证			
25	建设工程施工许可证			
26	设计单位资质证书			
27	项目施工合同及施工单位资质证书			
28	项目监理合同及监理单位资质证书			
29	环境影响报告表及批复			
30	项目建筑工程消防、装修工程消防审核、验收意见			
31	借款人关于项目资金投入情况的说明			
32	借款人承诺书			
33	项目可行性研究报告			

三、会计师事务所对贷款材料的专业采集和整理

对丽景实业有限公司申请经营性物业贷款材料的收集、整理、归类，至形成系统的申报材料清单是一项繁杂、费时的专业化工程。这项专业化工程对于

财务基础薄弱、专业能力有限的企业财会人员来说是一项困难的事情，而对于擅于查找证据、理清审计轨迹、进行实质性测试、实施分析性复核以及评估和控制风险的会计师事务所来说，显然就具备了强有力的技术力量。为此，A所就表9－1中一些企业财会人员扯不清、理还乱的事项进行了专业化的采集和整理。

（1）从企业登记机关变更信息表入手，去查证企业股权、产权的变化轨迹，查证企业资产换手情况和合理性，到相关不动产权利变更登记机关去查证与股权转让类同的重大不动产交易所涉及的税收漏洞、转股的合法性以及有无存在可能限制抵押权实现的法律效力，将相关证据信息进行集中收集和反馈，以供银行分析和判断融资风险。

（2）从最初公司上报发改委立项申请时入手，全面了解发改委立项审批、项目环境影响评估、建设用地规划许可、建设工程规划许可、项目建筑工程消防、装修工程消防审核、验收等内容，特别是本项目在建设许可和工程建设过程中在政府各部门相关变更事项的备案和再批复，以确保银行对项目在整个投资建设周期所表现的合法性、合理性支持得到充分印证。

（3）对项目可行性研究报告进行再次论证，特别是投资差异、市场环境和项目预期的变化，以及区域内竞争情况的再了解、再论证，由此判断项目经营的动态风险。

（4）对物业资产进行价值分析，本项目酒店物业作为一种能直接获取长期收益的经营性不动产，区别于其他各类物业，特别是中大型星级酒店物业，其物业价值已并非各项要素资产的简单估价加总，其价值高低主要取决于酒店的收益和已经固附在酒店物业中各种无形资产的价值因素。通过外部评估机构选用收益法及成本法对该物业市场价值分别进行评估确认。

（5）对自运营以来的成本数据资料进行详细收集和分析，判断项目未来成本费用变动趋势及可能对未来经营产生的实质性影响；对项目各项收入数据进行归类整理并据以分析未来变动幅度、收益来源的可持续性、同业竞争对收益的影响程度。在此基础上形成详细的项目现金流量预测表。

（6）研判项目偿债保证比及还款计划的可行性，尽调项目补充还款来源，研判风险防范的补充屏障。

第八节　新能源有限公司流动性不足问题的有效解决

通过A所、S银行、赵壹各相关企业的三方合作，新能源有限公司流动性不足问题，最终通过S银行注入经营性物业贷款资金而得到有效解决。其最终的实现方式和途径是：

首先，丽景实业有限公司以丽景大酒店整体不动产按评估值不超过5折抵押给S银行，S银行向丽景实业有限公司投放了贷款期限6年、分年等额还本付息的经营性物业贷款5 000万元，贷款经S银行直接受托支付安达建安公司建安工程款1 000万元，支付长兴装饰有限公司装修工程款1 300万元，支付关联公司大华贸易公司装饰材料款1 900万元，支付股东赵壹800万元。

其次，大华贸易公司将到账的1 900万元，赵壹将到账的800万元，分别在各自账户上设定限期6个月的大额定期存款，取得1 900万元的大额公司定期存单一张和800万元大额个人定期存单一张。接着，新能源有限公司用上述两张定期存单向S银行质押，全额开出2 700万元若干张由S银行承兑的银行承兑汇票，新能源公司采用银行承兑汇票的结算方式，向上游客户履行货款结欠义务和因供给增加的新增支付义务。

考虑到赵壹及其相关企业在本次S银行融资环节，支持S银行提高了存贷比，在开具承兑汇票环节没有占用S银行贷款额度，在申贷过程中及时增加了S银行的开户数量，并持续增加在S银行资金流水和服务收益等多方贡献，S银行经报上级银行批准，丽景实业有限公司相关经营性物业本次贷款成本，在S银行享受人民银行长期贷款基准利率上浮10%的最低下限，同时存单质押开具承兑汇票的理财方式既为质押方增加了存款利息，又为新能源企业解决了流动性不足问题，最终实现了企业财务成本的零付出。

案例点评

本案例很好地回避了新办企业不具备银行流动资金贷款条件，成功地利用关联企业对接银行的新融资品种——经营性物业贷款，通过经营性物业贷款实现关联企业应收货款和股东垫付款的回收，同时将回收可利用资金通过金融理财，以大额存单担保和银行承兑汇票的方式来补充新办企业的流动性不足。该案较好地把握了银企两家互利互补的合作规则，一方面为企业解决了新办制造业贷款难的问题，以金融理财方式节省企业融资成本，促进企业资金全面盘活，另一方面全面打开了银行存、贷业务的两条通道，既拓展了银行日常结算业务，又拉动了贷款业务和票据业务的发展。

第十章　并购融资与助力扩张

一家经营农副产品的企业为保障上游供应的品质和规模，收购生产类基地公司——大自然生态园有限公司。B会计师事务所介入银行与企业的合作，参与执行并购交易程序，整理和规范公司财务，布局公司财务信用评级达标，组织公司申报并购贷款，引领银行投放并购贷款，收购股权，促进企业实现种、养、售一条龙的综合作业模式，不但有效地解决了企业的贷款问题，而且开辟了一条企业并购融资的成功之路。

第一节　企业扩张和延伸产业链的讨论

2013年7月，B会计师事务所接待了一个咨询客户——民营企业老板李二。李二在M市拥有一家大地绿色食品有限公司，公司在M市专营禽畜牧鱼、瓜果蔬菜等农副产品10余年，经营模式主要以批发、零售为主，公司在M市相关较大的商场和食品供应市场租有商铺并设立了相应的门店，其上游货源主要来自于本市的一些大大小小种养专业户、农副产品专业生产公司。货源来源广泛，种类繁多。李二经营的大地绿色食品公司由于经营时间较长、富有营销经验，10多年来生意还算红火，也积累了一定的资本实力。

这些年，随着M市城市化发展步伐的日益加快，居民消费市场愈益扩大。同时，业内同行也都千方百计地进行市场争夺和空间布局的竞争。为此，李二及其公司团队自然不甘心在抢抓这场企业发展机遇中落伍。那么，如何打赢这场企业扩张大战并促进公司可持续发展就值得认真谋划了。

面对咨询客户李二及其公司团队的企盼，B所咨询团队给李二及其团队作出以下战略分析：

（1）城市化日益关注的城市环保和动植物防疫，必然会限制或停止城市家禽宰杀，严格加强牲畜定点屠宰的管理，这必然给大地绿色食品公司这类企业在产品流通和销售环节提出转型升级的要求。那么，家禽宰杀和牲畜屠宰的移场和集中定点，以及流通中的保鲜就必须在企业扩张中予以重点考虑。

（2）近些年来，由一些农业龙头企业牵头组织的专营种、养、加专业户及小型企业组成的农业、农民、农村专业合作社的合作规模、资金实力、市场控制能力越来越壮大。国家也在通过财政支持、税收优惠、金融、科技、人才的扶持以及产业政策引导等各种措施，促进这些专业合作社的发展。可见，专业合作社对种、养、加等初级产品的定价话语权将越来越多，导致上游企业及众多专业户挤压农副产品批发、零售的利润，给流通类企业带来收益减损，并给企业扩张带来预期风险。

（3）城市化步伐的加快，势必导致大地绿色食品公司这类企业所布局的商铺、市场门店所在的大商场、各大专业场所的房地产地段越来越好，其房地产价格预期越来越走高，相应的租赁价格也会呈上涨趋势。那么，在大地绿色食品公司未来的企业扩张中如何防止所租赁的商铺、仓储面积大比例增加和租赁成本大比例提高，是不得不慎重考虑的问题。

面对企业的扩张良机，如何更好地实现扩张并在扩张中促进企业转型和升级发展？B 会计师事务所专业团队为大地绿色食品公司提供了有关企业扩张的专业咨询意见，并与该公司签订了协助企业扩张的财务顾问合同。具体咨询意见扼要如下：

并购上游中大型企业或大型专营种、养、加的专业户，牵头组织与主营产品密切相关的若干家专业合作社进行合作；在全市有潜力地段加速谋点布局，对老点商铺、仓储面积进行减量，对新点商铺、仓储面积进行控量；在并购过程中统筹资金谋划，控制自有资金投入头寸，适度借入银行资金并购扩张；在并购中重点关注上游并购企业是否拥有足够面积的经营场所，确保可综合筹划未来的经营扩张及仓储、配送、宰杀、保鲜等所需场所的移场和新增。

第二节　企业并购决策的酝酿

在经济下行环境下，各行各业会相继持续出现并购热潮，这也是经济生态周期循环下的必然结果。因为洞悉并深度交流民营企业老板李二的扩张意愿，且为李二公司设计的扩张手法又得到李二及其团队的高度许可，B 所注册会计师推荐了一家拟并购公司。该公司距离 M 市约 400 公里，是一家经营农副产品的种、养、加的综合农业开发公司，名叫 M 市大自然生态园有限公司。该公司拥有 3 000 多亩生态林地，800 多亩养殖水面，公司经营果蔬种植、活禽放养、生猪和活鱼立体养殖（大型水面与周边林地的空间配合）等，公司已开发经营 9 年，最高收益年份的 2010 年实现过净利润 700 多万元。2011 年，大自然生态园投资人徐某应山东某县的招商引资，在该县投资一个 BT 项目，由于风险估计不足，被迫陷入该县地方债危机。几年下来，一方面向政府讨债收效甚微，另一方面工程款、农民工工资欠付麻烦连连。在 BT 项目紧急情况下，徐某不得不向大自然生态园公司频频“抽血”，导致几年下来，大自然生态园公司连续投入不足，收益持续下降，发展至今已影响到公司可持续发展并导致企业短期偿债能力下降。就此，徐某多次向 B 所注册会计师透露出手公司资产或股份的意愿。

于是，一个务实的想法在 B 所注册会计师中诞生了。他们先行联系了徐某，并进一步外调了徐某大自然生态园，掌握到了徐某全部出让大自然生态园并收现的意愿一直存在且没找到合适的买家，又进一步了解到大自然生态园当前不容乐观的财务背景、相关的转让条件，再经徐某同意取得大自然生态园相关财务资料、资产清单。

B 所将上述所了解到的相关信息与李二及其公司团队进行了沟通和交流，他们一致认为大自然生态园公司是其企业扩张和产业链延伸的合适对象。在通过实地考察、双方团队接洽后，基本达成收购意向并相互摸清了双方洽谈底线。

在上述可能谈成的收购价格和付款条件并最终可能形成谈判结果的基础上，李二与 B 所共同分析了影响本次收购的己方（收购方）条件：他方（出让方）可出手的价格在 1 亿元左右，己方接手后必须补充投入经营性资金约 2 000万元（两项合计 1.2 亿元）。而目前己方可在中短期内能有效组织的自有资金 7 000 万元左右，缺口资金 5 000 万元左右。那么要顺利实施这一重大决策，并确保收购完成后使收购资产实现最佳投入产出效果，则必须解决 5 000 万元的缺口资金问题。而解决这一问题直接有效的办法是向银行申请贷款。

为实施并购决策、解决并购资金缺口问题，B 所注册会计师和李二找到 W 银行商谈贷款事宜，W 银行相关负责人表示：在当前经济下行环境下，为积极响应国家产业政策指引，支持优质企业整合经营状况较差企业的存量优质资源，避免企业资源虚置，促进优质资源在强势企业中配置，尽可能发挥资源优势，抵御国家经济下行风险。W 银行当前推出企业并购贷款产品可以帮助李二的大地绿色食品公司并购扩张，助力大地绿色食品公司整合大自然生态园公司的存量资源，推进大地绿色食品公司做大做强。同时，该相关负责人提出，并购贷款产品的授信审批的专业性较强，对贷款申请单位要求很高，对办理并购贷款的并购交易，应由 W 银行积极参与、监控并购交易，随时掌握风险变化情况。鉴于并购交易的复杂性、专业性和技术性，还需聘请中介机构进行有关调查，并在贷款调查、风险评估或审查中使用该中介机构的调查结果。另外，由于并购单位（贷款单位）——大地绿色食品公司——不是 W 银行的结算客户，也未在该行进行过授信，W 银行尚无法了解到它的经营状况和公司实力。所以，大地绿色食品公司必须从有申请贷款想法时，就应在 W 银行开设结算账户，尽可能将公司结算资金流水、往来资金流水通过 W 银行流转，以便 W 银行及时、客观地观察公司经营动态，了解企业自有资金实力。同时，大地绿色食品公司还有必要向 W 银行提供历史、近期及今后的财务信息，由 W 银行授信评级部门对公司的财务资料进行企业信用等级的评估，以判断公司的信用等级能否满足 W 银行并购贷款所设定的相关条件。

第三节　向银行了解到的并购贷款产品

一、产品定义

并购贷款，是指为满足并购方或其专门子公司在并购交易中用于支付并购交易价款的需要，以并购后企业产生的现金流、并购方综合收益或其他合法收入为还款来源而发放的贷款。

二、产品价值

满足并购方企业以实现合并或实际控制目标企业为目的的融资需求，支持并购企业资源整合和适度扩张。

三、贷款用途

并购贷款用于满足并购方企业以实现合并或实际控制目标企业为目的的融资需求，且仅限于并购方或其专门子公司支付并购交易价款，不得用于并购方或其专门子公司在并购协议下所支付的其他款项，也不得用于并购之外的其他用途。

并购贷款不得用于短期投资收益为主要目的的财务性并购活动。

四、借款条件

申请并购贷款的并购方应符合以下基本条件：

（1）在申请行开立基本存款账户或一般存款账户。

（2）依法合规经营，信用状况良好，没有信贷违约、逃废银行债务等不良记录。

（3）主业突出，经营稳健，财务状况良好，流动性及盈利能力较强，在行业或一定区域内具有明显的竞争优势和良好的发展潜力。

（4）信用等级在 AA-级（含）以上。

（5）符合国家产业政策和申请行行业信贷政策。

（6）与目标企业之间具有较高的产业相关度或战略相关性，并购方通过并购能够获得目标企业研发能力、关键技术与工艺、商标、特许权、供应或分销网络等战略性资源以提高其核心竞争能力。

（7）并购交易依法合规，涉及国家产业政策、行业准入、反垄断、国有资产转让等事项的，应按适合法律法规和政策要求，取得或即将取得有关方面的批准。

五、关于贷款额度、期限、利率的控制

（1）并购的贷款总额不得超过并购交易所需资金的 50%。

（2）并购贷款期限一般不超过 5 年。

（3）并购贷款一般应按年、按半年或按季分期还款，按月或按季付息。

（4）适当高于同期限项目贷款的利率水平。

第四节　并购交易、并购贷款的三方分工与协作

B 会计师事务所、W 银行、李二及其大地绿色食品公司团队经过以上充分而细致的交流，三方决定通力合作，共同组成并购交易与并购贷款的专门工作机构，由 B 会计师事务所引领三方合作，共同参与执行合理合法的并购交易程序，组织收购方大地绿色食品公司向 W 银行申报并购贷款。

在此三方合作中，B 会计师事务所重点实施方案策划、程序设计、流程引领、合法性把控，组织撰写并购交易汇报。

银行以融资顾问的形式派出客户经理全程参与，监控并购交易，关注并购风险，同时与李二及其大地绿色食品公司团队按照 W 银行的授信评级规则、前后台业务管理规定保持有效沟通，推进密切合作，互惠互利。

李二及其大地绿色食品公司团队则在 B 会计师事务所协助下，具体做好以

下三项工作：一是做收购前公司自身的财务规划和银企对接；二是和被收购企业进行一系列具体的收购协商、协议签订、资产过户等；三是组织和实施收购后并购贷款，制订收购后的生产经营计划，接管和运营所收购的公司股权和资产。

第五节　会计师事务所筹划的并购交易、并购贷款方案

B会计师事务所协调李二及其大地绿色食品公司团队与被收购方徐某及被收购公司大自然生态园公司团队共同商定并购条件，B会计师事务所与李二及其大地绿色食品公司团队共同策划并购后的经营计划之后，B会计师事务所制订了并购交易、并购贷款方案如下：

（1）确定大地绿色食品公司法人为收购主体，即股权受让方。大自然生态园公司全体持股股东即徐某夫妇，为股权出让方。双方同意由受让方全资收购出让方所持大自然生态园公司100%股权。股权收购价格以共同委托或分别委托资产评估机构评估的被收购公司——大自然生态园公司净资产评估价值为参考，在此基础上经双方协商确定。

（2）双方签订股权转让协议，明确股权转让价格、付款方式、协议生效时点等相关条款。协议规定大地绿色食品公司在股权转让协议签订后20天内，按协议确定的股权转让价格1亿元的20%，向大自然生态园公司股权出让股东徐某支付首期收购款2 000万元，首期收购款付讫后股权转让协议正式生效。在协议生效日起1个月内，双方在企业登记机关办好大自然生态园公司全部股权转让的登记备案手续。

（3）在企业登记机关办好股权转让登记手续后的20天内，受让方应按股权转让协议规定向出让人付讫第二期收购款3 000万元，受让方完成收购款支付比例的50%；至于第三期收购款，双方按协议约定，由双方在企业登记机关完成股权转让登记手续后4个月内付清收购余款5 000万元。

（4）大地绿色食品公司作为股权受让方，筹集首期、第二期收购款时，在约定向出让方付款前，由股东李二夫妇向公司首期增资2 000万元、第二期增资3 000万元，并安排股东在W银行完成货币资金增资入账手续，即股东通过其个人账户向大地绿色食品公司开设在W银行的账户注资，各次的注资通过会计师事务所验资并出具验资报告。在注资完成后，由大地绿色食品公司直接从W银行转账支付至出让方股东徐某夫妇。

（5）对双方约定的收购余款 5 000 万元，双方同意在完成股权转让登记手续后 4 个月内付清。另外又在协议上商定特别条款，即当受让方在 W 银行申请并购贷款不能如期到位或申贷失败的情况下，受让方同意出让方顺延 6 个月支付收购余款，顺延期间按银行同期贷款利率加收利息。

（6）在上述各项工作完成后，B 会计师事务所引领 W 银行派出的客户经理、大地绿色食品公司参与本次股权收购工作财务人员、资产交接人员等向 W 银行撰写本次并购工作的调查报告，同时组织并购贷款申报资料连同调查报告向 W 银行报送，并进入申贷、审查、审批程序。

（7）在协议生效后，受让方向出让方接收公司资产，接管公司业务，编制投入额度 2 000 万元的大自然生态园公司生产经营恢复性计划和近中期发展计划。

（8）W 银行在尽可能短的时间里，接手大地绿色食品公司股权收购大自然生态园公司调查报告及并购贷款申报资料，整理好申报资料上报上级行初审，初审合格后尽快完成本次并购贷款的授信审查和贷款发放的审批。

（9）鉴于本项并购是 W 银行参与的三方合作，银企合作知根知底，在 W 银行呈送上级行初审合格后，大地绿色食品公司股东以资本公积的形式向公司投入 2 000 万元资金，加快落实大自然生态园公司生产经营恢复性计划和近中期发展计划。

第六节　并购交易调查汇报

中国银监会印发的《商业银行并购贷款风险管理指引》指出，商业银行应在全面分析战略风险、法律与合规风险、整合风险、经营风险以及财务风险等与并购有关的各项风险的基础上评估并购贷款的风险。其中战略风险应从并购双方行业前景、市场结构、经营战略、管理团队、企业文化和股东支持等方面了解，法律与合规风险应从并购交易各方是否具备并购交易主体资格、并购交易是否按有关规定获得批准，是否履行必要的登记、公告手续等方面重点关注；整合风险必须认真分析并购双方是否有能力通过资源整合实现协同效应；经营及财务风险必须充分了解公司行业发展和市场份额是否能保持稳定或增长趋势，公司治理是否有效，管理团队是否稳定并且具有足够能力，技术是否成熟并能提高企业竞争力，财务管理是否有效等；另外，银行还应在评估风险的基础上，详细确认并购交易的真实性，综合判断借款人的还款资金来源是否充足，还款来源与还款计划是否匹配，借款人是否能够按照合同约定支付贷款利息和本金等，并提出并购贷款质量下滑时可采取的应对措施或退出策略等。

作为实施并购并申请并购贷款的企业以及并购交易的参与各方，理应学习掌握该风险贷款指引，在该指引指导下不仅有利于科学决策、实施程序化收购、减少并购风险，还可保障并购的成功率，提高并购效率，降低并购成本，尽早获得银行风险确认和融资支持。那么，在这样一个指引下，本案的并购交易及并购贷款申报、审批就很容易做到合规、合法、有效，在三方共同见证和参与下，成功完成并购交易，如期推进融资计划，如期促进企业并购扩张，如期实现收购方的规模效应。在这样一个完整过程里，B 会计师事务所可同步形成并购调查报告报送 W 银行及其上级行风险控制机构评估风险，形成并购贷款评审报告，使本案并购贷款的申请如期通过上级行的风险评估。B 会计师事务所出具的本案并购调查报告主要包括以下内容：

（1）收购方的基本情况。

（2）被收购方的基本情况。

（3）并购背景。并购背景重点说明收购方的收购动因，说明因何收购，在什么样背景下收购，收购成功后可能产生的规模效应、增长效应。说明被收购方为什么心甘情愿地被收购，其自愿接受收购的背景处于怎样的一种状态，直接驱使其出售或转让产业的动因是什么，因为被收购能给被收购方解决的最直接、最急切的问题有哪些。

（4）并购方式、并购流程。并购方式主要说明本案的收购是资产收购还是股权收购，可以根据资产收购或股权转让协议详细介绍包括付款方式在内的主要协议条款。并购流程则对本案从收购要约开始至收购完成的每个程序进行程序性介绍，重点说明程序的合法性和完整性。

（5）被收购方的经营业态。经营业态主要说明被收购方当前的资产状态、经营状态、产品特征、市场情况、产业发展趋势等。

（6）并购后公司资产管理及其经营计划。可根据管理层形成的商业计划书进行适当披露。

（7）并购协同效应分析。并购协同效应分析，主要说明收购方与被收购方之间现实存在并可直接发生的协同因素。比如产业发展方向的协同、企业管理的协同、市场营销的协同等。

（8）并购交易的估值定价，并购交易的估值定价，主要说明收购方与被收购方最终确定收购标的的成交价是否公允，导致双方成交价的形成有无第三方提供的参考依据，类似的收购标的定价可否在市场上得到客观印证。本案在协商作价之前，双方各自通过单独聘任的评估事务所进行了净资产评估。调查报告分别披露了两个评估所评估出的净资产收购（出让）价值，披露了各自评估所的评估机构名称、资质、评估基准日、评估范围、评估方法及结论等。

（9）并购交易可能存在的风险因素。这主要说明并购交易实现后，收购方即并购贷款方可能遭遇的各类风险，如政策与市场风险、整合风险等。

第七节　对收购方（并购贷款申请方）并购实力排查与评级预筹

企业并购拼的是实力，通过实力集束规模，实现倍加效应。其中的实力，不仅指资本、人力、收入、利润、现金流等硬实力，还指公司管理、信誉、公司责任等软实力。没有实力的并购，其风险是相当大的。作为商业银行，为控制信贷风险设定一些准入条款，确保资金快速、安全、有效地投入到那些对稳增长、促发展有明显促进作用的并购交易主体中去，是相当必要且不容忽视的。本案W银行上级行设定并购贷款申请主体必须具备AA－级（含）信用等级以上，并把它作为可准入条件的必要选项之一，正体现了这一基本精神。

W银行总行参照《贷款通则》，采用百分制从管理者素质、经济实力、资金结构、经营效益、信誉状况、发展前景等六个方面，分AAA＋至A－、BBB＋至B－共12个等级（有的银行分AAA到A、BBB到B、CCC到C和D 10个信用等级）对企业综合实力进行评分估算。具体授信评级时，分定量评价和定性评价两部分，二者满分都是100分，最终评定估算值取定性权重30%，定量权重70%汇总而成。定量指标包括规模、偿债能力、杠杆率、流动性、盈利性、运营能力和发展能力等，定性指标包括竞争能力、管理水平、经营状况、信誉状况与融资能力等。法人客户评级一般分为年度评级和实时评级。年度评级基于法人提供上年度财务报表后最晚不超过当年的8月31日前完成。实时评级是当客户遇及发生重大投资行为，或实施兼并、收购、分立、资产重组类的重大经营行为，或经营环境、经营政策、经营项目发生重大变化等情况时，可重新评级。应该说，W银行类似的授信评级制度是成熟而又客观的，通过授信评级可以大体公允地反映出企业法人的综合实力，这对于W银行甚至法人本身研判企业是否具备并购交易能力都是很到位的。

可见，参与合作的W银行、B会计师事务所、大地绿色食品公司团队在实质性展开本次重大收购行动之前必须考虑到：大地绿色食品公司作为本次并购交易的主体——收购方，是否具备收购能力、是否达到 W 银行支持并购贷款申请的准入条件，特别是大地绿色食品公司法人在 W 银行的授信评级是否能达到 AA－以上。另外，B 会计师事务所、大地绿色食品公司团队还必须考虑到，作为收购方如因不能准入 W 银行的并购贷款支持范围，会不会导致收购失败或者在无贷款支持下收购会不会产生重大的收购危机。

因此，并购实力排查与评级预筹对合作的三方都尤其重要。并购实力排查与评级预筹在本案中基本是重叠的、粘合的。B 会计师事务所一方面向 W 银行提供大地绿色食品公司内控制度、营销能力、资信状况等书面资料，另一方面提供大地绿色食品公司经审计的连续三个年度的财务报表。由 W 银行根据其本行的授信评级标准对大地绿色食品公司进行年度评级（一般将数据输入电脑，按设定程序评级，具有客观性和不可更改性），这是信贷业务流程中的第一项重要流程，它列在信贷业务调查、审查、审批流程之前。

可喜的是，本案在提供管理类资料和连续三年年报给 W 银行后，W 银行在按照其内部程序对大地绿色食品公司进行系统评分后，得出最终评分值 81 分，高出 AA－基础分值 75 分 6 分（AAA 级：≥90 分；AA 级：≥75 分；A 级：≥60 分）。也就是说，本案收购方的综合实力是符合 W 银行并购贷款准入条件的。

如果本案收购方在 W 银行的授信评分值出现以下两种情况，一是评分值未达到 AA－基础分值 75 分且比较接近，二是评分值明显低于 AA－的基础分值 75 分且处在 A 级分值或以下。对此，合作的三方就必须要有另外的应对方案。

对于第一种情况，可以通过评级预筹，期待在规范提高若干时期后申请实时评级，使最终评级达到 AA－，而这一个时间段不影响编制收购计划的同步进行。也就是说，会计师事务所要去发现收购方失分且通过整改可以提高的指标因素，比如因为类似机构、规章、管理水平等类因素导致定性指标失分，由会计师事务所指导收购方进行制度完善，内部整改，使之在实时评级时提高分值；如是类似企业偿债能力中速动比率、应收账款周转率、存货周转率等类因素导致定量指标失分，那可以在同步实施收购计划过程中，对可能导致定量指标发生有利变动的财务事项和经济行为进行积极影响。比如 B 所因发生收购行为与 W 银行商定一个实时评级基准日，在此这前，采取增加权益性现金投入、压减库存、加大应收账款催收力度，使实时评级基准日财务报表中相关会计科目余额得到积极的改善。

对于第二种情况，则必须重新审视收购方的收购实力，仔细评估收购方发生收购失败和陷入收购困境的概率，客观研判收购方的收购在得不到银行贷款支持的情况下，有无更好的替代方案。

第八节　抵押担保和受托支付

本案并购贷款是支持收购主体完成股权整体收购，促进收购方通过收购扩张，进行资源整合，实现规模效应和协同发展效应。责任主体是收购方，贷款风险集中反映在收购标的未来收益的不确定性和所持收购标的的股权变现价值。W 银行审批发放收购方所申请的 5 000 万元并购贷款，设定的本笔并购贷款抵押担保方式为：大地绿色食品公司评估值约 5 000 万元的商用不动产按 60% 抵押率抵押 3 000 万元，所持大自然生态园公司 100% 股权按抵押值 2 000 万元设定抵押。

本笔并购贷款 5 000 万元，期限 5 年，基准贷款利率上浮 20% 定价，偿还方式按年等额偿还本金和相应的利息。在贷款发放时，W 银行根据相关金融政策实行受托支付的方式，即贷款发放到大地绿色食品公司账户后，即时受托支付给本次并购交易的受益人——大自然生态园公司——原股东徐某。

案例点评

本案的亮点是牵手银行推进并购扩张，增加了企业并购扩张中的胜算筹码。并购扩张是企业发展历程中风险较高的经济行为，失算概率通常较大。在会计师事务所指导下，充分估算并购实力，排查并购风险。合作三方通过周密制订并购方案，严格履行并购程序，切实对接银行并购业务贷款工作规则，及时足额获取计划内的并购贷款，是本案并购成功的关键。

第十一章 平台分立与分业融资

一个民营的实体卖场，面对互联网产生的冲击波，在出手投资电商物流项目、推进公司转型升级的过程中，通过会计师事务所的专业筹划，依托会计师事务所、银行、企业三方的鼎力合作，把一个民营的综合性商厦有限公司进行一分为三，组成三个专业化实体经济公司，公司实质控制人与银行达成押品分拆、分业融资的有效沟通，既解决了企业发展中的资金短缺问题，又顺利实现了企业的成功转型。

第一节 传统卖场顺应互联网发展的转型升级

2014 年 5 月份，N 市虹雨商厦有限公司法人代表张三找到 C 会计师事务所，向 C 所相关注册会计师咨询虹雨商厦进行增量融资支持转型事宜。虹雨商厦三年前曾是 C 所的一个咨询客户，C 所于 2011 年 6 月向虹雨商厦提供了用于商厦装修用途的、固定资产装修类项目融资的咨询业务。虹雨商厦在当年获得 X 银行支持的 9 000 万元 6 年期的长期贷款后，于 2009 年底全部完成商厦装修并投入运营。截至 2013 年年底，由于公司招商工作、商场管理工作做得好且商厦区位地处较繁华地段，公司商场出租业务和自营的家电产品零售批发业务都做得还可以，公司业绩保持了连续增长。可自 2014 年以来，虹雨商厦的少数商户或多或少地受到席卷而来的电商冲击，导致营业额下降甚至亏损，于是有的商户在合同中期与公司终止承租合同，有的商户向公司提出调减商铺租赁费的要求。对此，张三及其经营团队一方面与商户进行充分沟通，主动为商户增加便利化服务品种，加大对整个商场 100 多户商户在路演、发布会、商场折扣、买赠、抽奖等线下推广方面的支持，以持续增加商场人气和卖场卖点；另一方面就虹雨商厦如何积极应对电商挑战，谋求转型发展方面进行深度的战略思考。

张三及其经营团队认为，随着互联网与居民生活越来越紧密，线上销售的比重越来越大，传统销售渠道将日益受到威胁，线上线下销售渠道的冲突将越来越严重。传统卖场如不与时俱进，适时转型升级，则很难持续健康发展。环顾欧美、亚洲的日本和中国台湾的传统卖场，其最终渡过被电商击败危机的经验来看，未来我国的电商和实体商场，也必将走融合互补的路子，实现融合下的竞争合作。线上企业，必将落地实体店铺；线下的实体店铺必将同时开展线上服务。也就是说，线上线下一体化发展，是传统卖场转型升级的必经之路，也是零售资源的最佳配置。

未来的商务活动，是信息流、商流、资金流、物流高度活跃、高速流动的过程，便捷的物流系统加速了电子商务和实体店铺的融合发展，是信息流和资金流的基础和载体。仓储作为现代物流的重要组成部分，在物流系统扮演着至关重要的角色。随着线上线下的融合趋动，未来大量的 B2B（Business To Business）、B2C（Business To Consumer）、C2C（Consumer To Consumer）、O2O（Online To Offline）促使物流向供应链管理，仓储向配送中心的转化，并发挥着供应链中的调度中心功能，具体到物品的进出、库存、分拣、包装、配送及其信息处理等。

为此，张三及其经营团队应势决策，以虹雨商厦有限公司为项目主体，向市政府提交了打造 N 市电商物流产业园的项目申请报告。市政府非常重视，大力支持虹雨商厦建设电商物流产业园项目，承诺优先给予用地指标、统筹市政规划等多方面的优惠配套政策。当前，虹雨商厦已取得市发改委关于该项目的立项批复，项目前期工作业已顺利开展，预计三个月内进入项目建设用地的定向挂牌出让。

第二节　新上项目产生的资金问题

由于要推进电商物流产业园项目的上马，虹雨商厦自然便出现了项目用地定向挂牌拍卖的资金筹集问题，并将打乱虹雨商厦现有的资金营运结构，影响公司资金的正常安排。政府批复本项目建设用地 133 333 平方米的用地申请，按建设用地所处位置，定向拍挂取得价格一般为 750 元/平方米，即项目用地取得价预计 1 亿元。另外，依据可行性研究和项目资金估算，需投入项目建设和运营资金 1.3 亿元（含流动资金）。两项合计项目总投资 2.3 亿元，预计本项目 1.5 年建成，2 年后开始产生收益，项目回收期 5.5 年，内含报酬率 14.6%。

虹雨商厦总建筑面积 35 000㎡，其中出租商铺面积 19 500㎡，自营商铺房屋面积 9 500㎡（公司自营家电批发零售业务所占用的商铺房屋面积），其余办公、管理等公用房屋面积 6 000 ㎡。2013 年商铺年出租收入 2 000 万元，息税后出租收益率 45%；商场综合服务收入 300 万元，息税后收益率 25%；家电自营业务收入 2.08 亿元，息税后收益率 5%，家电自营业务平均占用公司流动资金余额 3 000 万元；预计 2014 年及以后至少可保持 2013 年经营水平。整个商厦建筑物折旧和固定资产装修折旧合计 450 万元（非付现成本，可用归还长期贷款本金）。虹雨商厦于 2011 年 7 月 1 日长期借款 9 000 万元，借款期限 6 年，还本付息方式如表 11－1 所示。

表 11－1　　虹雨商厦还本付息表　　单位：元

序号	项目	借款期（i=6%）							
		2011 年 7 月初	2012 年 6 月末	2013 年 6 月末	2014 年 6 月末	2015 年 6 月末	2016 年 6 月末	2017 年 6 月末	合计
1	借款本金	90 000 000	90 000 000	80 000 000	64 000 000	48 000 000	32 000 000	16 000 000	
2	本期还本	0	10 000 000	16 000 000	16 000 000	16 000 000	16 000 000	16 000 000	90 000 000
3	期末本金余额	90 000 000	80 000 000	64 000 000	48 000 000	32 000 000	16 000 000	0	
4	本期付息	0	5 100 000	4 320 000	3 360 000	2 400 000	1 440 000	480 000	17 100 000

也就是说，按 2013 年业绩测算，虹雨商厦每年还本盈余可在 875 万元（2 000 × 0.45 + 300 × 0.25 + 21 000 × 0.05 + 450 － 1 600）左右，自 2011 年 7 月至 2014 年 6 月之间，商厦内部积累在 2 500 万至 3 000 万元之间。

张三及其经营团队投资电商物流产业园项目，项目前期资金至少要筹得足可满足支付项目用地的购地款 1 亿元。张三本人可注入虹雨商厦公司用于投资电商物流产业园项目的自有资金 4 000 万元，虹雨商厦公司可调剂积累资金 2 500万至 3 000 万元左右（2 750 万元），项目初期资金缺口 3 250 万元左右。

第三节　长期借款项下设定不动产抵押预留的后手棋

2013 年 6 月，C 所作为 N 市虹雨商厦有限公司融资顾问，在 X 银行批复虹雨商厦 9 000 万元固定资产装修贷款并办理不动产抵押时，就应抵押的公司不动产的产权证及其证载不同幢别、楼层、商业布局的房屋建筑物及其评估价值、抵押价值进行了系统归类、鉴别，经与 X 银行的客户经理、信贷管理部门进行了认真的对接和沟通，将 9 000 万元长期贷款的贷款合同对应了两份抵押合同，每份抵押合同所设定抵押物，其评估价值、抵押价值对应贷款合同金额的1/2即4 500万元。即把自营商铺面积9 500㎡、公用房屋面积6 000㎡以及部份毗邻的出租商铺房屋面积2 500㎡，共计18 000㎡列入第一份抵押清单。把其余的大面积且相互毗邻的出租商铺房屋面积合计17 000㎡，列入第二份抵押清单对应另一半贷款合同金额4 500万元。在抵押时分别对应抵押合同、评估报告、不动产保险合同办成两本他项权利证，提交X银行通过放款流程发放贷款。2011年7月上旬，本笔贷款9 000万元分两次放款到位。

在已确定的批贷总额前提下，一分为二或一分为三（视企业权证办理、资产组成及预期变动的需要）设定抵押，即根据公司不动产区位、面积、经营便利、评估价值设定抵押权并对应不等或相等的贷款额度以完全取得贷款总额。其目的是预防公司在使用长期借款若干年后，随着企业按年还本的累增，出现设定抵押权的不动产对应相应额度贷款结清或临近结清时，企业可协商银行在结清抵押权证对应额度的本息后，解除这部份的不动产抵押，及时撤消贷款抵押时对不动产权利人行使不动产处分权的限制，让解押后的不动产可以根据公司不同阶段的发展需要，不受羁绊地进入正常的处置或再抵押程序。

第四节　公司分立与项目剥离

本案主角借力新建项目，促进转型升级，是企业发展战略的重大调整。至于在战略调整上遭遇到的资金瓶颈问题，破解它首选的办法自然是向银行贷款，银行融资至今一直是企业筹资渠道中最快捷、最有效的途径。为更好地解决这一问题，C所在分析了公司现有的资产特点、经营状态、股东自身实力及其新项目投资路线图后，充分借鉴其多年指导企业银行融资的成功经验，提出用公司分立和项目剥离办法，分别对接银行的流动资金贷款品种、新建项目的项目融资品种，一方面有利于企业借力银行注入的流动性，活跃商品流通企业的资金循环，并在企业加快专业化推进环节，便利金融资金的增量支持；另一方面有利于银行资本支持新兴的长线项目，增进实体经济和电商物流经济的高度融合，使企业和银行紧跟经济发展趋势，通过可预期项目的持续收益，共同促进经济发展，社会进步。

公司分立是将虹雨商厦有限公司长期自营的家电产品批发零售业务，从虹雨商厦公司派生出来，新设国丰电器有限公司，虹雨商厦公司专营商场租赁、商场管理以及各大实体商铺的线下服务业务。新设的国丰电器有限公司专业化经营家电产品的批零业务，自主经营，自负盈亏。

项目剥离是把原虹雨商厦有限公司获得立项批复，并通过用地规划、用地许可的电商物流产业园项目，从虹雨商厦有限公司剥离出来，由虹雨商厦有限公司独资设立全资子公司N市虹雨电商物流产业园有限公司，以该独立公司对电商物流产业园项目进行专业化打造。这样的设计既有利于项目的专业化管理和专业化运营，还有利于该项目独立筹资和风险把控，作为项目法人独立行使项目建设和运营权力，可以保证项目按项目推进进度筹措资金，满足投融资方对建设资金专款专用的监控要求，同时还可清晰地理清项目运营未来收益和投资回报路径，增加项目的成功概率。

第五节　公司分立的财务整理和项目公司筹建

本案公司分立，是基于虹雨商厦有限公司根据经营战略调整的需要，对公司进行分立的改组行为。其分立行为属于派生分立（也称存续分立），原企业存续，把其中一部分分出设立一个新企业——国丰电器有限公司。企业分立不需经过清算程序。分立前企业的债权和债务，按法律规定和分立协议约定，由分立后的企业继承。

根据公司法关于公司分立，其财产要作相应分割的有关规定。C会计师事务所组成专家团队入驻虹雨商厦公司，依法定程序指导公司整理分立财务，按照公司自营家电业务所占用的房屋［自营商铺房屋面积9 500㎡及部分公用房屋面积2 000㎡（即为管理等公用房屋面积6 000㎡中的一部分）］、与自营业务相关债权债务以及其他所占用的流动资金如库存商品等，通过资产分割、财务整理，相应编制资产负债表及财产清单。比如自营所占的固定资产派生出国丰电器公司的固定资产，对应国丰电器公司实收资本、资本公积，与自营相关的债权债务转为国丰电器的债权债务，公司形成分立决议并在决议之日起10日内通知债权人，其他所占用的流动资金如库存商品派生为虹雨商厦的库存商品，对应其他应付款——虹雨商厦公司，以关联借款反映。有关分立事项在30日内在报纸上公告，声明公司分立前的债务由分立后的公司承担连带责任。相关分立引起公司登记事项发生变更的，也按法定程序向公司登记机关办理变更登记。

本案C会计师事务所娴熟运用所掌握的与公司分立业务相关税收政策，在运筹虹雨商厦公司分立业务中没有引起股东及其公司产生新的税收负担。具体表现在：

（1）分立派生出的国丰电器公司尽管在工商登记时按新设公司处理，但税法上不作为新设公司处理，在计算所得税时符合特殊重组（免税改组）的条件。

（2）本案分立是资产、负债、股权、劳动力等要素的同时转移（非转让），其涉及的不动产和无形资产的转移，不属于《营业税暂行条例》规定的销售不动产、转让无形资产的征税范围，也不属于《土地增值税暂行条例》规定的有偿转让房地产的行为，不征营业税和土地增值税。

（3）《财政部、国家税务总局关于土地增值税一些具体问题规定的通知》（财税〔1995〕48号）（现已废止财税〔1995〕48号，执行财税〔2015〕5号《企业改制重组有关土地增值税政策》）、《财政部、国家税务总局关于中国建银投资有限责任公司有关税收政策问题的通知》（财税〔2005〕160号）规定，本案分立不征收增值税、营业税和土地增值税。

（4）《财政部、国家税务总局关于企业事业单位改制重组契税政策的通知》（财税〔2012〕4号）规定，公司依照法律规定、合同约定分设为两个或两个以上与原公司投资主体相同的公司，对派生方、新设方承受原企业土地、房屋权属，免征契税。

因项目剥离设立的独立法人——电商物流产业园有限公司——将担负未来项目建成后形成的电商功能、现代物流功能、现代仓储功能，并将与虹雨商厦现有的物业管理和服务功能、百余家商户、分立后的家电业务进行持久的互动，它必须处理好项目公司直接面对的政企关系、税权分治和税收利益隶属关系、公司治理关系、未来各功能的专业化管理与分业经营关系、财务信息披露关系、投融资关系、产业延伸与市场拓展关系等。

电商物流产业园项目最初立项单位是虹雨商厦有限公司，其所在市发改委批复了虹雨商厦公司的立项报告，市政府已通过了该项目的用地许可、规划许可及环评批复等，并将该项目列作该市重点工程。基于前述原因，将项目从原立项单位剥离，另行组建虹雨商厦公司的全资子公司——虹雨电商物流产业园有限公司。其组建路径是：

（1）登记注册项目公司并注入开办经费。

（2）政企协谈，将项目相关批件和许可性文本依程序变更至新设项目公司。

（3）在项目用地进入定向招拍挂之前，将股东计划投入的自有资金4 000

万元以资本公积注入虹雨商厦公司，然后将该 4 000 万元连同虹雨商厦几年来还本付息后积累及所筹得缺口资金，以实收资本注入新设项目公司。

（4）由项目公司统一对外行权，依流程招投拍项目用地。

（5）项目融资，推进项目实施。

第六节　分业融资方案的制定与实施

项目初期资金缺口 3 550 万元。在公司分立前的 2014 年 6 月底，虹雨商厦有限公司已累计归还 X 银行固定资产装修贷款 4 200 万元。前述自营商铺房屋面积 9 500 ㎡、公用房屋面积 6 000 ㎡ 以及部份毗邻的出租商铺房屋面积 2 500 ㎡，共计 18 000 ㎡ 列在第一份抵押清单，担保抵押了全部装修贷款总额一半额度 4 500万元。那么，在实施企业分立这样的战略调整行为时，因为涉及虹雨商厦公司分立要分割企业不动产，且所分割的不动产正包含在第一份抵押担保合同中。经与 X 行协商一致后，公司当机立断再偿还 X 行本笔贷款的 300 万元，并将第一份抵押担保合同列入的抵押资产全部解押。解押后，因公司分立而分割出的不动产就可不受限制地过户至国丰电器有限公司，同时解押出的不动产还可视资金筹措的需要再次设定抵押。以上还贷解押后，项目初期资金缺口增至 3 550 万元。

对分立后的国丰电器有限公司，C 会计师事务所联系 Y 银行就流动性支持方面达成合作意向。

首先，对分立后国丰电器有限公司的前三年业绩，进行了连续整理和计算，协助编制并报送了三年的财务报表，通过了在 Y 银行的授信评级。

其次，引导国丰电器在 Y 银行开设基本账户，将公司日常结算流水全部归口 Y 银行。

最后，协助 Y 银行对国丰电器近三年上下游关系及大额供货单、客户订单进行了详细摸底，同时测算出国丰电器流动资金需要量在 3 200 万元左右，并与 Y 银行达成以流动资金贷款置换应付关联方——虹雨商厦公司借款的财务结构调整方案。

在国丰电器获得 Y 银行流动资金贷款支持，经财务结构调整归还虹雨商厦公司后，虹雨商厦公司注入虹雨电商物流产业园有限公司投资建设电商物流产业园项目的自有资金达到 9 650 万元（4 000 +2 750 －300 +3 200），剩余缺口 350 万元，可由虹雨商厦公司提供未抵押不动产为主要股东担保，获得个贷资金及2014年所减少的财务费用支出96万元等方面调剂。

长期性项目建设资金来源一般自筹30%，银行贷款等外部筹措70%。因此，为保障本项目的建设资金来源和项目正常有序的推进，就必须做好本项目的项目融资这篇文章。

第七节　项目融资的前期筹划

《项目融资业务指引》（银监发〔2009〕71号）对企事业单位项目融资业务进行了很清晰的引导，可以很好地促进项目融资业务健康发展，使项目单位在推进项目融资业务时少走弯路，便利融资工作程序，降低融资业务成本。

作为项目融资业务合作三方，必须围绕《项目融资业务指引》，有效对接项目融资的基本业务规则，保证本项目从可研立项、规划许可、法人组建、环评消防等各项程序性作业满足指引第五条规定，即贷款人提供项目融资的项目，应当符合国家产业、土地、环保和投资管理等相关政策。同时，还必须请融资合作银行提前介入项目法人组建、风险评估，提前传输银行自身与项目融资业务有关的行为原则和方向性提引，确保项目融资业务实施前的各项具体工作符合合作银行业务规则的要求。因为各专业银行一般都会根据《项目融资业务指引》，制定切合本行实际的项目融资业务规程，比如项目融资业务原则，项目办理条件，相关贷款金额、期限与利率的规定，融资项目调查、评估、审查与审批具体规程等。

可见，本案项目融资的前期筹划是必需的，应纳入项目前期准备工作，并作为一项重要抓手来抓。尤其是民营项目法人，在自身人才资源不足的情况下，就有必要委托专业机构为项目提供融资专业咨询，并请合作银行进行密切配合。毕竟项目建设时间跨度长、资金投入大、预期风险高，特别需要借力外部筹资。俗话说，“兵马未动，粮草先行”就是这个道理。

第八节　与合作银行的沟通与对接

上节所说融资前期筹划是一个方向性的事务，是纲领性的举措。在执行具体的项目融资业务过程中，项目法人及其专业咨询机构自始至终都要保持与合作银行的对接和沟通，而合作银行应该始终关注拟合作项目规划设计方案的可行性，国家发展拟合作项目的政策保障力度，项目前期准备的合规性、合理性，项目法人和项目股东自筹资金的自筹能力、项目固有风险和项目股东的风险把控能力等。

近几年来，国家鼓励民营企业投资物流项目建设，积极推动电子商务纵深发展，鼓励民营资本参与物流信息平台建设，推动物联网、云计算、大数据、移动互联等技术在产品可追溯、在线调度管理、全自动物流配送、智能配货等领域的应用。这些利好政策在《国务院关于深化流通体制改革加快流通产业发展的意见》（国发〔2012〕39 号）、《国务院关于促进信息消费扩大内需的若干意见》（国发〔2012〕32 号）、《国务院关于大力发展电子商务，加快培育经济新动力的意见》（国发〔2015〕24 号）、财政部、商务部、国家邮政局联合下发的《关于开展电子商务与物流快递协同发展试点有关问题的通知》（2014 年 10 月）等系列文件中都有具体的规定。作为项目单位，很有必要将以上利好政策结合项目单位投资背景、投资能力、市场分析、项目设计方案、项目实施安排等多方面与合作银行进行很好的沟通，并就项目推进和项目合作保持很好的互动。

除就上述利好政策沟通对接外，项目单位与合作银行还应该针对项目融资业务必须涉及的贷款额度、贷款利率、贷款期限等进行事前沟通和对接，在此基础上对项目可行性研究进行合理修正和调整，使项目经济效益预测和风险研判更具客观，从而增加项目合作各方对项目风险的化解能力，从容把握项目进度，及时实现项目收益的有序归口，保障投融资总额的如期回收。为确保项目资金得到充分保障以及未来项目投资额可能产生的增量变动或给项目单位保有必要的自筹空间（即为防止项目投资可能出现的增量变动而引起的贷后投资不足的需要），在考虑项目融资额度方面，项目单位还有必要根据《国务院关于调整固定资产投资项目资本金比例的通知》（国发〔2009〕27 号）与合作银行进行融资比例方面的沟通和对接。

类似本案属于产业政策充分鼓励的项目，项目单位完全可以引进商业银行间融资业务的同业竞争，把项目融资信息同时发布给不止于 X 银行外的 Y 银行、Z 银行或其他多家银行，以争取更好的融资支持条件及更高的融资效率。

第九节　抵押物分拆与抵押权设定

本案虹雨商厦公司经派生分立和项目剥离，产生了三个互为关联并为同一控制主体控制的实体公司，并根据需要作为三个融资平台与银行建立银企合作关系。分立保留的虹雨商厦公司承继原 X 银行支持的经营性物业贷款余额 4 500万元，所对应的抵押物为产权归属并登记在虹雨商厦公司的出租商铺房屋面积 17 000㎡。分立派生出的国丰电器有限公司，根据分立协议享有原自营商铺房屋面积 9 500㎡和原 6 000㎡公用房屋面积中的 2 000㎡，其相应产权归属国丰电器公司并完成了产权过户手续。对已分立出归属于国丰电器公司自营商铺房屋面积 9 500㎡商铺和公用房屋面积 2 000㎡，国丰电器公司在向 Y 银行申请流动资金贷款 3 200 万元时设定了不动产抵押登记，抵押权人为 Y 银行。

经项目剥离组建的项目单位——虹雨电商物流产业园公司——在完成变更立项审批单位，依次获得项目环评、建设用地规划许可、建筑工程规划许可、消防审核等各项项目流程及法定要件，并在规定时间竞得项目用地、支付项目土地出让金、取得项目用地使用权证和建设工程施工许可后，以 133 333㎡项目用地的土地使用权、虹雨商厦公司尚未对外抵押担保的出租商铺房屋面积 2 500㎡和尚余的公用房屋面积 4 000㎡作抵押担保，向 Z 银行申请项目融资 1.3 亿元。鉴于这些抵押物的抵押价值略显不足，在发放本笔项目贷款前，Z 银行还与项目单位、虹雨商厦公司及其贷款行——X 银行进行了充分协调，增加虹雨商厦公司已抵押 X 银行 17 000㎡出租商铺为第二顺位抵押。

案例点评

投资是拉动经济增长的一种主要方式，民营企业的投资将在我国今后的投资中占有重要的份额。新上项目投资一般由自筹和融资组成，金融机构是鼓励和支持民营投资项目建设不可或缺的力量。由会计师事务所居中协同企业对接银行，实现项目融资对接，有效提高了项目融资效率，降低了项目融资风险，防范了借项目融资转投非项目领域的行为。本案例公司分立和项目剥离行为是定向项目投资和固化项目融资用途的专业化措施，同时可以防止民营企业因多元化发展导致专业化管理能力下降可能带来的投资风险与经营风险。

主要参考文献

1. 王在全、支岩福、张旭婧：《民营企业融资新三十六计》，中国经济出版社，2013 年版第 81—85 页。

2. 寿丽君：《民营企业银行融资产品大全及案例精选》，中国经济出版社，2015 年版。

3. 刘加勇：“联户联保：破解民营企业贷款难的现实选择”，《金融实务》，2008 年第 8 期第 12—13 页。

4. 刘妍：“我国商业银行不良贷款成因及相关因素分析”，《系统工程》，2014 年第 5 期第 65—74 页。

5. 郭玉洁：“中国商业银行不良贷款成因及对策”，山东建筑大学，2013。

6. 马海英：《商业银行信用风险分析与管理》，上海财经大学出版社，2007 年版。

7. 孙建林：《优秀信贷客户经理基础知识》，中国金融出版社，2009 年版。

8. 赵敏：《企业如何与银行打交道》，中国经济出版社，2009 年版。

9. 顾晓安：《问题贷款识别与防范》，立信会计出版社，2010 年版。

10. 刘百宁：《民营企业如何贷款：学会和银行打交道》，企业管理出版社，2005 年版。

11. 孙建林：《优秀信贷客户业务指引》，中国金融出版社，2009 年版。

12. 牛建高：《民营企业投融资与资本结构实证研究》，人民出版社，2009 年版。

13. 杨再平：《破解小微企业融资难最佳实践导论》，中国金融出版社，2012 年版。

14. 符戈：《中国民营企业融资问题研究》，经济科学出版社，2002 年版。

15. 李亚：《民营企业融资运作实务与案例》，中国发展出版社，2009 年版。

16. 张巍：“论我国民营企业的麦克米伦缺陷”，《郑州大学学报》，2004 年第 1 期。

17. 吴申元、杨勇：“企业家与近代中国企业发展的黄金时期”，《河南社会科学》，2007 年第 1 期。

18. 罗欣：“中国民营企业发展历程考察”，《中国浦东干部学院学报》，2012年第3期。

19. 莫晓燕：“浙江民营企业融资途径探讨”，《现代经济信息》，2013年第12期。

20. 中国注册会计师协会2014年工作总结。

致 谢

展现在读者面前的这本《民营企业贷款难题之破解——三方合作 共破难题》，是我从事注册会计师职业以来的首项研究成果。虽然这是我的一孔之见，浅陋之处在所难免，但我可以毫不夸张地告诉读者，这绝不是一本应景之作，它凝聚了我 15 年注册会计师的执业经验与智慧，对于治理世界性难题——“麦克米伦缺口”有独到的思路和操作技巧。

我之所以要创作这本书，初衷就是要把自己“从全球着眼，从企业入手”的执业理念形成的执业经验和理论思考与会计师事务所同行、银行家和企业家共同分享，以回报他们长期以来对我执业的关心、理解、帮助和支持。我能够完成这项具有挑战性的研究成果，得益于改革发展、社会转型时代的滋养，得益于注册会计师职业资源深厚价值的存在，尤其得益于各级注协领导、会计师事务所同行和合作共赢的银行家、企业家的帮助和支持。所以，值此本书付梓之际，我要由衷地表示感谢。

我要感谢这个伟大的时代。我毕业于华东交通大学经济学院，1992 年开始在县级人大财经委、县级政府农经委、经贸委等单位从事过财经文秘工作。新旧世纪的社会转型激发了我的创业冲动，改革发展的时代把我推进注册会计师的队伍。2001 年我辞去公职，创办了江西三清会计师事务所，任所长至今。在市场经济潮起潮落的浪尖上，江西三清会计师事务所成功地开辟了自己的一片天地，成为全省排名前 20 位的会计师事务所。

我要感谢江西三清会计师事务所的全体同事。我创建江西三清会计师事务所之初，有幸邀请到注册会计师郑国锋、邱焕辉、俞瑞英、胡长福等优秀人才加盟，以后队伍不断扩大、业务不断做大。这个优秀团队亲密无间的合作共事，不但为我的研究成果提供了丰富多彩的基本素材，同时也激励我始终保持“宠辱不惊，看庭前花开花落；去留无意，望碧空云卷云舒”的淡泊心境。15 年如一日埋头事务所的业务开拓和思维提升，最终形成本项研究成果。

我要感谢省、市注册会计师协会及领导。我有幸进入注册会计师队伍，更有幸在省、市注协及领导的指导下做业务、做事业、做注册会计师。江西三清会计师事务所的事业发展、我个人的事业发展以及《民营企业贷款难题之破解》这项研究成果的形成，都得到了省、市注册会计师协会及领导的大力支持和精心指导。我现在还获得江西注册会计师协会常务理事、《江西注册会计师》编委委员、江西财经大学客座教授、江西财经大学会计学兼职硕导、江西首批注册会计师行业领军人才等诸多殊荣，这些都归功于省、市注协及领导的培养、帮助和支持。

我要感谢合作共赢的企业家、银行家。15 年的注册会计师经历，使我深深地感受到银企合作这个载体对注册会计师的重要性。正是因为这个载体，使我结识了省、市内的一大批企业家、银行家。这些人不仅是我的服务对象，更是我的良师益友，我的事业不断发展是与他们分不开的。在这里我要特别感谢金旅集团的吴恒忠董事长，他把金旅集团的财务和资本筹划委托给江西三清会计师事务所运作，我们成功地把金旅集团资产从几千万元发展到现在十几亿元，用事实诠释了注册会计师在银企合作中不可或缺的桥梁作用。

我要感谢为本书倾注了大量心血的两位专家。一位是江西财经大学会计学院的余新培教授。他提出按理论篇、方法篇、案例篇三个部分撰写的建议，并在初稿完成后，对书稿做了全面审稿。另一位是江西省政府特殊津贴专家、中共上饶市委党校的罗时平教授。他为本书的框架结构提出了最初设计，并对全书作了修改统稿。此外，我还要感谢江西财经大学会计学院的四位研究生，温林杰、陈瑶、甘晨露、刘恭一凡，他们对本书第五章、第六章、第七章、第八章分别进行了大量的资料搜索工作。最后，我还要感谢的是，江西财经大学会计学院的曹玉珊教授。他在百忙中为本书写序，奖掖后学，勖勉有加，令我十分感动。

本书编辑、出版得到中国财政经济出版社徐洁等老师的大力帮助；本书撰写中参考了部分材料，我虽尽力列出所引用的文献，但仍可能有所疏漏，在此也一并向为那些做出“无私贡献”的作者表示感谢。

2015 年 7 月 28 日于上饶